アイヌ語地名が語る日本史物語

菅原　進

目次

日本各地に残るアイヌ語系地名 ──────────── 3

アイヌ語系地名の素性 ────────────── 183

エミシ族と Yamatonchiw と日高見国侵略戦争 ──── 197

日本各地に残るアイヌ語系地名

岩木山（いわきさん）［青森県］

「岩木山」の「いわき」はアイヌ語系地名で、次の二つの意味として考えられます。

① 「いわき」の語源は、アイヌ語の「i・iwak・i」で、これが音韻変化と連声を伴って「iwaki」と発音され、その意味は、＝「聖なるそれ（神）・住み賜う・所（山）」と解されます。

　この場合の「iwak」は、その前に「i（聖なるそれ）」が先行していますので、ただの「住む」ではなく「住み賜う」になります。

　アイヌ語族であった古代エミシの人たちにとって、「山」はまさに「神・住み賜う・所」であると同時に、「山」そのものが人々に山の幸、川の幸をはじめ人が生きるために必要な諸々の糧を恵み与えてくださる聖なる「神」としての存在であると信じられていて、「i・iwak・i」の語頭の「i」は、その「神」に対する崇敬の念を込めていう「i（それ）」でありますから、このケースでは単なる「それ」ではなく、より畏敬の情意を込めた意味としての「聖なるそれ」と解して然るべきであります。

② 「いわき」の語源は、上記の通りアイヌ語の「i・iwak・i」が音韻変化と連声を伴って、「iwaki」と発音されるものでありますが、その意味は、＝「聖なるそれ（神）・帰り行き賜う・所（山」）」とも解されます。

　この場合の「iwak」は「i（聖なるそれ）」が先行していますので、ただの「帰り行く」ではなく「帰り行き賜う」と解するのがよろしいと思います。

　ちなみに、「iwak」には「住む」という意味のほかに、「帰

る」という意味がありますので、上記の①のほかにこの②のような解釈も考えられるわけであります。

　ここで「聖なるそれ・帰り行き賜う・所」と申しますのは、アイヌ族にとって、人が死ぬということは、人の本性である霊魂が彼の肉体から離れて彼等本来の住み家である聖なる山に帰って行くという信仰上の認識があり、その認識に基づくものであります。

　以上のような二通りの解釈があると考えられるのは、アイヌ族にとって「山」はそれ自体が崇敬されるべき「神」としての存在であると同時に、そこには、「kamuy・chise（神の家）」があり、「kamuy・kotan（神住み賜う・村）」があるという信仰上の認識があるからであります。

青森（あおもり）[青森県]

　「青森」は、かつて善知鳥（うとう）村、安潟村などと呼ばれる陸奥湾の南の奥の青森湾内にあったのどかな漁村地帯だった地域を、江戸期になってから津軽藩によって新規に開発された新開地であり、その地名の由来は、その昔、陸奥湾の海上から青森湾岸の陸の風景を見上げると、今の米町付近に一年を通して青々と茂る松の森が見えていたということで、いつのころからかその名が「青森」と呼ばれるようになったということであります。しかし、この地方は近世初頭まで先住民族のアイヌ語族であったエミシの人たちが住んでいた所でしたので、その名は彼らエミシの人たちが名付けて残したアイヌ語系地名であるかも知れないということと、その当該地名の土地の地形がその名の「あおもり」に近似するアイヌ語にマッチするという客観性も考慮に入れて考えるとき、

その地名は次のように解釈するのがよろしいと思われるのであります。

「あおもり」の語源は、アイヌ語の「aun・moy」で、それが音韻変化を伴って「aummoy」と発音されたと考えられ、その意味は、＝「内に入り込んでいる・入江」と解されます。

この解釈と申しますのは、日本海の沿岸航路や津軽海峡を航行する船から見て青森の入江は「陸奥湾の南の奥に入り込んだ所にある入江」という意味としてこのように名付けられたものと考えられるのであります。

有間浜（ありまはま）［青森県］

日本書紀斉明天皇4年（658年）と同5年（659年）の安倍比羅夫の第1回目と第2回目の北航にかかわる記録によれば、彼は齶田（秋田）、渟代（能代）、津軽のエミシの人たちを招待して饗宴を開いたとありますが、そのうちの第1回目の北航の時に饗宴を開いた場所として「有間浜」の地名が記録されてあり、その「有間浜」の所在が現在のどこかという問題があるわけであります。

この比羅夫の北航の記録にある「有間浜」とはどこの浜かということについては、諸説があり、そのなかには、これをアイヌ語の「ar・muy（もう片方の・入江）」とか「an・rur・muy（向こう側の・海の・入江）」などからの転訛地名であるとし、その意味が初期の北前船の主たる航路であった日本海側から見て、津軽半島越しの「向こう側にある陸奥湾の海の入江」と解されるとか、あるいは、その地名の発音の類似性から推して、平安期ごろに十三湖の北岸に接して建郡されていた権郡の「恵留摩（えるま）郡」があったというこ

とで、「有間浜」はその「恵留摩郡」のあった「えるまの浜」を指す地名であるとか、または、比羅夫の軍船の航路の順路を地理的に辿ってみて、現在の「深浦港」か「鰺ヶ沢港」のうちのどちらかを指す地名であろうとか、いろいろな説が挙げられております。

　しかし、筆者としては、これらの説にはいまいち説得力に欠けるところがあるように思われ、素直には納得しかねるところがあります。

　そこで考えられるのは「有間浜」の「ありま」の語源はその発音に近いアイヌ語地名であると見ることができること、加えて、その場所は比羅夫の軍船の北航の順路や地理上の位置関係等から推して、現在の「深浦」か「鰺ヶ沢」の辺りと見るべきであること等の見方を考慮に入れて、現在の「深浦港のもう片方の澗」とも言える「吾妻浜（あづまはま）」があり、私見ではありますが、その「吾妻浜」こそが、安倍比羅夫の北航の記録に見える「有間浜」であろうと考えておるわけであります。

　それはどうしてかと申しますと、斉明期のころの「有間浜」の「ありま」とは、アイヌ語の「ar・ma（もう片方の・澗）」と解することができ、これをこの地方の地形に当てはめてみて、それは「深浦の本港」が「sino・ma（主たる・澗）」であったのに対して、現在の「吾妻浜」は、その当時「ar・ma（もう片方の・澗）」と呼ばれたということは十分に理に叶うことであり、その「ar・ma」が音訳されて日本書紀に表記されたのがここにいう「有間浜」であったと考えられるのであります。

　ところが、その後百数十年たった平安期のあたりになって

出羽や秋田が歴史上で再び脚光を浴びるようになってきたとき、「有間浜」の名は、深浦の「sino・ma（主たる・澗）」に対して、「もう片方の・古い方の・澗」ということになり、元の「ar・ma」から「ar・tu・ma」と書き換えられ、それが会話のうえで音韻変化をして「attuma」と発音され、次いでそれが和語の「吾妻（あづま）」に転訛して表記されて今日に伝わる「吾妻浜」となったと考えられるのであります。

宇曾利（うそり）[青森県]
　陸奥湾の北東部のむつ市に大湊湾があり、その中の南西の奥に長い砂嘴の岬に囲い込まれてあるのが「宇曾利湾」であります。
　この「宇曾利湾」の「うそり」の語源はアイヌ語の「us・or」で、それが連声して「usor」と発音され、その直訳の意味は「湾・の内」でありますが、現地の地形から推して、それよりも「us・or・us（湾・の内の・湾）」の後略の形としての「us・or」ということして考えることができ、これを、＝「内湾」と解することができます。
　この「宇曾利」については、平安・鎌倉期の奥州史にでてくる「安倍氏」や「安藤氏」などこの地で活躍した地方豪族の本地やその姓氏の由来とも関連する歴史上の大きな問題が介在している地名でありますので、次にこれらのことについて続けて考えたいと思います。

渡島・宇曾利と安倍・安藤の姓について
　斉明天皇4年（658年）から同6年（660年）にかけて、前後3回にわたって逐年行われたと伝えられる安倍比羅夫の

北航の記録に「渡島（おしま）」の地名があり、その地名の由来と所在がとかく問題になります。

「渡島」の語源は、アイヌ語の「osi・mak」で、その意味は、＝「それの後ろの・奥」と解されます。そして、それは前述のむつ市の「宇曾利（us・or）」を本拠地とするエミシの一大勢力圏としての「渡島」のことを指す称であったと言えると思います。

また、前九年の役の登場人物の一人に「安倍富忠」がおりますが、彼はその「宇曾利」を本拠地とするエミシ勢力の部族長と思われる人物で、その姓の「安倍」の語源は、アイヌ語の「aun・pe」→「aumpe」で、＝「内に入り込んでいる・所」を意味し、それは、取りも直さず彼の本地であったと思われる前記の「us・or（宇曾利）」に当たり、これもやはり、前述のとおり、＝「内湾」とも解することができます。そして、この「aun・pe（内に入り込んでいる・所）」と「us・or（内湾）」の両地名は、その内意においておよそ一致するわけであります。

この前九年の役の緒戦において、安倍富忠が時の陸奥守兼鎮守府将軍源頼義から利をもって誘われて官軍方に加担するという情報を得た奥六郡の郡領衣川柵の安倍頼時は、富忠を説得して官軍方への加担を思いとどまらせようと思いたち、自らの手兵3,000を率いて北上して「宇曾利」に向かいましたが、行く手に待ち伏せして構えていた富忠の軍に急襲されて矢傷を負い、それがもとで死にました。

前九年の役を経て奥州の治政は安倍氏に代わって陸奥の守に任じられた藤原氏に移りましたが、かつての「宇曾利」の安倍富忠の子孫と思われる家系は、本拠地を下北の「宇曾利」

から津軽の藤崎に移し、次いで日本海交易の表通りである津軽の「十三湊」に進出してその姓を「安藤」と名乗って大いに繁栄しました。

　「安倍富忠」の末裔と思われる一族がこうして「安藤」の姓を名乗るに至った理由について、鎌倉期末期の「津軽安藤氏」の一族だった安藤師季の「本知譲り状」の文中に、「えそのさとぬかのふうそりのかう〜（蝦夷の里糠部宇曾利の郷〜）」という一節があり、その中に「糠部の宇曾利の郷はエミシ族である我ら安藤氏の故郷である、云々〜」という趣旨の言葉がうかがわれるのでありますが、そのことから推して、「津軽安藤氏」のルーツは、彼の残したその譲り状にあるとおり、下北のアイヌ語系地名である「宇曾利」の語源である「us・or（内湾）」を指す別名の「aun・to（内に入り込んでいる・海）」にあるということがわかります。

　以上の一連の事柄から、その昔、東夷の酋長の名を自認して憚らなかった奥州安倍氏の棟梁安倍忠頼の同族と見られる安倍富忠の姓の「安倍」と、その末裔と見られる津軽安藤氏の名乗った「安藤」とは、同じ「us・or（宇曾利）」を指すアイヌ語地名である「aun・pe（内に入り込んでいる・所）」＝「安倍」と、「aun・to（内に入り込んでいる・海）」＝「安藤」とを同一のルーツとする同一族であることを物語っているということがわかります。

　なお、後述で改めて明らかにすることになりますが、ここにいう「us・or」こと、下北半島の地名の「安渡浦」こそが、その昔の「渡島のエミシの本拠地」だったということもおよそわかるのであります。

　そして、このことに関連して触れなければならないのは、

それに対立する有力な説として、「渡島」が下北半島ではなく、津軽海峡の向こう側の北海道にある「渡島（わたりしま）」であるとする、いわゆる「渡島＝北海道説」があり、現にそれがおよそ定説化されているという問題があることであります。筆者としては、その「渡島＝北海道説」については、その信ぴょう性に欠けるところがあり、すんなりとは賛同いたしかねるということで、いわゆる「渡島＝下北説」を採っておるわけであります。次にこのことを含めて続けて考えてみたいと思います。

渡島と斯梨蔽之について［青森県］

　一般に、多くの史家の間で、日本書紀斉明天皇4年（658年）4月と同6年（660年）3月の条等に記録されている「渡島」は「わたりしま」と読み、現在の北海道の「渡島半島」の「渡島」がそれであるかのように言い、「渡島＝北海道説」を主張している人たちが意外に多いのですが、日本の古代・中世の東北史上にでてくる「渡島」をそのように解するのは間違いで、漢字で「渡島」とは書くとしても、それは北海道にある地名としての「おしま」でも「わたりしま」でもなく、斉明期の当時の青森県の下北半島のアイヌ語地名であったと思われる「osi・mak（それの後ろ・の奥）」＝「us・or（宇曾利）」から転訛したアイヌ語系地名としての「渡島（おしま）」であると見るべきであり、その「渡島」の最盛期の版図は、「宇曾利湾」を本拠地とし、それに津軽半島北半部から下北半島全域と、そのなかにある陸奥湾と陸奥湾を取り巻く沿岸地帯全域を含む広範の地域を擁する勢力圏としての称で、いわば、一つの部族連合国家、ないしは、村落連合国家的存在

としての一大勢力圏を指す地名としての「osi・mak」だったと筆者は推定しておるわけであります。

　ちなみに、ここで付け加えておきますが、前記の安藤師季の「本知譲り状」に「糠部宇曾利郷」という地名が見えますが、彼のいうその「糠部宇曾利郷」の「糠部」が「渡島」と重なるところがあり、これを「渡島宇曾利郷」と読み換えても、およそよろしいと思うのであります。そして、その「渡島」の語源の「osi・mak（それの後ろ・の奥）」とは、＝「竜泊海岸・の後ろの・奥」ということとして考えてよろしいと思うのであります。

　さらに、ここにいう「竜泊海岸」のアイヌ語名が「sir・pes（斯梨蔽之）」で、その意味が「海際に迫る切岸の山の・岩崖」と解することができますので、「渡島」は、つまり、その「sir・pes（竜泊海岸）・の後ろの・奥」で、＝「us・or（宇曾利）」ということであろうと考えることもでき、それは、その「宇曾利」を本拠地とするエミシ勢力の一大勢力圏全体を指す地名としても使われているケースもあると推理することができるわけであり、それはそれとし、よろしいと思うのであります。

　しかし、ここでしばし振り返って考えてみなければならないのは、「sir・pes」の語には、もう一つ「尾根・それに沿って下る」という意味としての用例もあるということであり、その一面からも考えて見ますと、この地方でその「sir・pes（尾根・それに沿って下る）」に当たる所と申しますと、それは「竜泊海岸の尾根・それに沿って竜飛の浜に下る」に当たると解することができると思うのであります。そして、その語尾に「i」を後付けして「sir・pes・i」とすると、それは、＝「竜

泊海岸の尾根・それに沿って竜飛崎の浜に下る・所」と解することができ、それはそれとして、＝「竜泊海岸」を指す地名として解することができると考えられます。

　こうして、これら二つの解釈のどちらを適用しても、「sir・pes」とは、およそ、同じ「竜泊海岸」を称する意味としての地名であるということになるわけであり、「渡島」は、つまり「osi（それの後ろ）・mak（の奥）」で、＝「陸奥湾の奥にある渡島の本拠である宇曾利」を指す地名であるということになり、「渡島＝北海道説」は誤りで、「渡島＝下北説」の方が現地の地形にも合った妥当な解釈であるということになると思うのであります。

　さらに、斉明期のころの日本海沿岸航路の末端に連なる小泊半島から竜飛崎に至る間の南北17kmほどの、いわゆる「竜泊海岸」は、屹立する標高数百メートルの峻険な山並みが連続して津軽海峡に向かって走り、その日本海側海岸の側面が懸崖のまま大胆に日本海に没するという大自然の地形をしており、その風景を海上の航路を走るエミシの船や、そこにある狭い磯浜や砂浜を通る道である竜泊古道から見上げたであろうエミシの人たちが、そこに目立って屹立している懸崖の海岸のことを、「sir・pes（海際に迫る険しい山の・断崖）」と呼んだということも考えられ、その地名を阿倍比羅夫付きの訳語（おさ＝通訳官）が「しりべし」と聞き取り、これに当て字して「斯梨蔽之」と表記されるようになり、その「斯梨蔽之」の称を北海道の「羊蹄山」のアイヌ語名である「sir・pet・nupuri（尻別山）」の名に無理にお仕着せして名づけられたのが、ここにいう北海道の「後方羊蹄（しりべし）」の山名であり、「渡島＝北海道説」の根拠とされている「渡島（わ

たりしま）」の称であります。これは安倍比羅夫の北航の条にある「斯梨蔽之」が津軽半島の「竜泊海岸地方」を指す称であり、その「斯梨蔽之の後ろの奥」にあるのが「渡島」であるとする筆者たちのいう「渡島＝下北説」とは相容れない考え方の称であるということでありますが、いかがでしょうか。

　このような地図の見方の違いができたのはどういうことかと申しますと、斉明期の比羅夫の北航の条にある「斯梨蔽之」のことを、明治期に入ってから北海道開拓使庁の役人となった松浦武四郎が、時の官僚たちの多くがそうでありがちだったように、その時代の国を思うある種の歴史観（皇国史観？）の立場からか、それは日本国の本州内の津軽半島の地名としての「斯梨蔽之」ではなく、それよりもずっと北の日本国の領土である北海道の「渡島半島」にあるそれであるとし、現在の「羊蹄山」のことを、かつてアイヌの人たちが「sir・pet・nupuri」と呼んでいたということに目を付けて、それがそこにあるその「sir・pet」の名から転訛した形としての称であるなどと大胆な勝手読みをして名づけた地名が彼らの言うこの「しりべし」の地名だったというもののように思われます。

　しかし、どう見ても、「しりべし」の正しい語源は北海道の「sir・pet・nupuri」の「sir・pet」にかかわる地名であるとなると、その地名の地図上の位置ばかりではなく、その語の語尾の「pet」がどうして「pes」になるのかという引っ掛かりもあるということもあり、いささかしっくりしないところがあるわけであります。そして、それよりも、津軽半島の西岸の「竜泊海岸」の地形が「sir・pes」で、＝「海際に

迫る切岸の山の・断崖」そのものであり、「しりべし」とは、そこにあるその「竜泊海岸地方」を意味する地名としての「sir・pes」であろうという筆者たちの考える見方の方が、より正しい解釈であると考えられると思うわけであります。

　ちなみに、ここでついでに申しますと、その「sir・pes」にかかわる地名に「しりべし・の手前」という意味で名づけられたと思われる「sir・pes・tukari」がありますが、その語頭の「sir・pes」が省略された形の「tukari」が、すなわち、今日の漢字の当て字書きの地名の「津軽」であるということであります。

　同様に「渡島」の語源の「osi・mak（それの後ろ・の奥）」と申しますのは、＝「斯梨蔽之（竜泊海岸）の後ろ・の奥」ということであって、当時の日本の北の海のメーン航路だった日本海沿岸航路を航行する船の上から見て、「竜泊海岸の後ろ」が「陸奥湾」であり、「の奥」というのが、つまり、その奥の「渡島のエミシの本拠地」だった「宇曾利」であるというわけであります。

　なお、古代エミシの人たちにとって、「陸奥湾の奥の内湾」である「宇曾利」は、その半周が長い砂嘴の岬である芦崎に囲い込まれた形の「波静かな内海の入江」になっており、その昔のエミシの人たちが丸木舟や笹葉（さっぱ）船をそこの入江の岸の砂浜に引き揚げたり、その砂浜から海に引き降ろしたりして扱うのが容易であり、舟（船）を岸辺の静かな海に安心して係留して置くことも容易であるし、そのうえ、エミシの人たちの運搬船や彼らの軍船などの基地としても申し分のない「波静かな内湾の入江」だったと考えられます。

　さらに、そこは、漁労の面からみても、その湾の内と外と

が津軽海峡を含めてこの上ないほどの漁労資源に恵まれた豊漁の海でしたので、そこにはおのずから諸々の生業の人が集まり、関連する多くの産業がそこで発達し、古代の強大なエミシ勢力の勢力圏としての「渡島」が形成される地理的・社会的条件が揃っていた所であり、その「渡島」の本拠地として栄えたのが、すなわち、その昔の「宇曾利」だったと言えると思うのであります。

　このようにして、阿倍比羅夫の北航にかかわる記録にある「渡島」が北海道の「渡島半島」のそれではなく、本州の陸奥湾の奥の「宇曾利」を本拠地として栄えたエミシ勢力の一大勢力圏としての「渡島」だったと推定されるわけであります。そして、この見方には今日そのように比定するに足る確かな傍証となるいくつかの史実がありますので、次にそのことについて列挙したいと思います。

①日本書紀斉明天皇6年（660年）3月の条によれば、安倍比羅夫の第3回目の北航の折に、安倍水軍の軍船200艘が、とある「大河のほとり」に達したとき、「渡島のエミシ」1,000余りがそこの海岸に屯して、その近くの「弊賂弁島」という島に船係りしていた20艘余りからなる粛慎の武装商船団との間で何かの行き違いができて、睨み合いの状態で対峙しているところだったとのことであります。これを見た比羅夫が、なんとか平和裡に仲裁してことなく収めようとしましたが、うまく折り合いがつかずに決裂してしまい、仲裁に入ったはずの比羅夫の軍船団とその武装商船団との間で交戦する羽目に陥り、比羅夫の軍船団側が勝利したとのことであります。

　この時の「大河のほとり」の「大河」とは、いったいど

この何川なのかと申しますと、それは本州内の川などではなく、それよりも北の現在の北海道の「石狩川」であろうなどという見方があり、現にそれが一応合理的な見方であるかのように言われたりしているのですが、しかし、どう見ても日本書紀にあるその「大河」と申しますのは、その時の日本国の主権がストレートには及んでいなかったはずの現在の北海道にある川などではなく、ある程度の支配貢納関係ができつつあった本州末端の青森県辺りのどこかの川のほとりとして考えるべきであり、その「大河」とは、当時の岩木川の川尻に続く十三湖が「大河」のように見えたということであろうと考えるのが穏当であり、そして、その時そこの海岸に屯して粛慎の武装商船団と対峙していたというエミシ1,000余りと申しますのも、その数があまりにも多数であり、北海道などからわざわざそこにやってきたエミシではなく、その土地の先住民としての「渡島のエミシ」の人たちだったと考えるのが、より順当な見方であると思うのであります。

　さらにまた、同じく斉明記にある「後方羊蹄(しりべし)」の地名についても、北海道の羊蹄山の後方にあった地名であるなどということにしてそのように書くような地名ではなく、津軽海峡の南側にある津軽半島の西浜の海岸である「竜泊海岸」を称したと思われる古代のアイヌ語地名としての「sir・pes」であろうと考えられ、その「sir・pes」の後ろ側に位置するのが「陸奥湾」で、その「陸奥湾の奥」にあるのが、「osi・mak」の「エミシ勢力の本拠地」だった「us・or(宇曾利)」だったと考えるのが妥当な見方であると思うのであります。

②扶桑略記養老2年（718年）8月14日の条によれば、「出羽並びに渡島のエミシ87人が来朝して馬1,000頭を貢納したので位禄を授けた」とあります。

　養老2年といえば、聖武天皇の前の元正女帝の年代であり、そのころの北海道には馬がいなかったと見るのが常識的であります。そのいなかったはずの馬を北海道の「渡島のエミシたち」が、「出羽のエミシたち」と折半して負担したとしても、その数が優に500頭になるわけであります。北海道のエミシの人たちがそれほどの多くの馬を連れて津軽海峡の荒海を渡ってやってきたということは容易には信じられないことであります。そうだとすると、やはり、扶桑略記にある「渡島」は北海道ではなく、大和朝廷の支配権が形式的にはある程度浸透しているかのように見えていたものの、実質的にはその時点で支配権が十分には及んでいなかった所である下北半島の「宇曾利」を本拠とし、下北半島全域に加えて陸奥湾の海と津軽半島北半部にわたるかなり広範な領域を囲い込んでいた半独立的存在のエミシ勢力の勢力圏ができていたということが考えられ、それがすなわち「渡島＝北海道説」を否定する立場に立っていう「渡島＝下北説」としての「渡島」であり、日本書紀斉明記等に見える「渡島」の実像であると考えられるというわけであります。

③日本後紀弘仁元年（810年）10月27日の条によれば、「渡島のエミシ」200人余りが三陸の海を南下し、現在の岩手県と宮城県の県境にある建郡間もない気仙郡下の何処かの浜に来着して翌春までの逗留を願い出て許されたとあります。

この記録にある旧暦の 10 月 27 日と申しますと、時あたかも厳寒の候に向かっている大変な季節であります。そのような季節になってから暖房設備のない小さな船を連ねて、北海道の「渡島半島」の日本海側の何処かの浜か、太平洋側の噴火湾辺りの何処かの浜か、そのどちらかから出航して、日本海から津軽海峡を通り抜けるか、噴火湾を出て恵山岬を回るかして、下北半島突端の尻矢崎沖から太平洋岸を南下し、陸奥の海岸を通り抜け、陸中の海岸を経て陸前の気仙郡下の何処かの浜にやってきたということになると常識では考えられない極めて無謀な航海であるということになり、そのような事件が本当にあったとは信じ難いことであります。そうなると、やはり、その人たちの本地は、北海道の「渡島半島の渡島」だったとするのは無理な見方であり、ほとんどあり得ないことだと思うのであります。もしもそうだとすると、彼らが名乗ったであろうその「渡島」と申しますのは、筆者たちの考える「渡島＝下北説」にいう「osi・mak」であって、来着地であったといわれる気仙郡にあまり遠くない所を指す意味としての「渡島」であったと考えられます。

　筆者の推理では、その渡島とは当時の「渡島のエミシの勢力圏の南限の地」だったと思われる下北地方かその近辺のどこかであるに違いないということになり、そこは、おそらく、青森県の下北半島の付け根にほど近い現在の上北郡の小川原湖の北岸に続く内沼の奥に、現に「内沼蝦夷館遺跡」と呼ばれる古い大きなチャシ遺跡がありますので、その遺跡を後世に残したエミシの人たちこそが、ここにいう弘仁元年の初冬に気仙郡下の何処かの浜まで南下してき

て一冬の保護を求めて許されたと記録されている当のエミシの人たちだったと推定して然るべきであると考えてよろしいと思うのであります。

なお、弘仁元年のこの事件の当事者であるエミシたちの南航の目的は何だったのかについては、漁労船団もしくは交易船団の漂流説などが挙げられておりますが、筆者の思うところでは、翌年に計画されていた文室綿麻呂たちによる「爾薩体・閇伊の征夷」の決行の情報を、事前にキャッチしたであろう前記「内沼チャシ遺跡」を残したエミシの人たちが、その情報を伝え聞いたうえでの戦時避難のための意図的な行動だったと見るのが正しい見方であろうと思うのでありますがいかがでしょう。

④三大実録貞観17年（875年）11月16日の条によれば、「渡島の荒荻（あらエミシ）」が叛き、水軍80艘で秋田・飽海両郡の海岸の3か村を襲い、百姓21人を殺し、略奪行為を働いたとあります。

この事件を起こした「渡島の荒荻」の本地と思われる「渡島」と申しますのは、前記のいくつかの事例と同様に、現在の北海道の「渡島半島の渡島」であるかのように言われているようでありますが、そうだとすると、やはり、旧暦の11月の半ばである大寒を直前の厳寒の季節になってから、その渡島のエミシたちが、何故に80艘もの船団を組んで、津軽海峡の荒海を越えて秋田・飽海まで南下してきて海賊行為まがいの悪事を働いたのか、そして、その足で厳寒の荒海を乗り越えて北海道まで引き揚げて行ったのかということになり、いささか腑に落ちないところがあるわけであり、その真偽のほどが疑われます。

そこで考えられるのは、彼らの本地が、やはり「北海道の渡島」ではなく、海賊まがいの事件を起こしたという秋田・飽海にそれほどは遠くない青森県の下北半島の「宇曾利」を本拠地とするエミシの広域の勢力圏としての「渡島」のうちの南部に位置する一地方である「十三湊〜小泊」の辺りを称して言う意味としての「渡島」か、またはそれよりもさらに南の、より秋田・飽海に近い所である元慶の乱を起こしたことで知られている秋田城北12か村のうちの能代辺りのエミシが、渡島のエミシを装ってしでかした事件だったと考えるのが至当であろうと推定されるのですがいかがでしょうか。

　なお、付け加えて申しますと、この事件が起こった貞観17年といえば、その3年後の元慶2年に元慶の乱が起こっていることから推して、この事件はその元慶の乱の予兆というよりもその緒戦として起こった事件であったと見るべきであり、その原因は、秋田城やその前線基地であった能代営の官吏や鎮兵やそれを取り巻く悪徳商人たちの現地住民たちに対する露骨な人種差別とそれに基づく重税や半ば公然と暴利をむさぼって顧みない下種な商行為等にあったと考えられます。

　したがって、この事件を起こしたといわれる「渡島の荒荻」と申しますのは、そのような強盗でも海賊でもない「十三湊〜小泊」か「能代」辺りの性善なるエミシの人たちのやむに已まれぬ自衛のために立ち上がってした正当な防衛行動の一端としての事件だったと見るのが正しいと考えられるのであります。

⑤三代実録元慶3年（879年）正月11日の条によれば、元

慶の乱の終息期の元慶2年（878年）11月ごろに、陸奥鎮守将軍小野春風たちの自ら敵地に赴いての誠意ある説得に応えて帰服を申し出たと見られる「渡島の夷首（和風蔑称）」たち103人が、その配下の3千人ものエミシたちを引き連れて、反乱に直接的には加わらなかった津軽のエミシ100余人と共に、整然と秋田営下に現われて帰順のセレモニーに参加したので、秋田営ではこれを受け入れて彼らの労をねぎらい、供応の礼を尽くして帰したとあります。

　この記録にある渡島の夷首（和風蔑称）たちに従って秋田城下に現われたエミシの人たちの身元が、もしも津軽海峡の向こう側の北海道内にある地名としての「渡島」であるとしたら、彼らが厳冬の最中の正月に3,000という大部隊で荒海の海峡を渡って秋田営下に現われたということであります。もしもそうだとすると、それほど大勢のエミシの人たちが厳冬の正月に津軽海峡の荒海をどのようにして渡って秋田営下までやってきたのかということで、その真偽のほどが、やはり疑われます。

　たとえば、仮に103人のエミシのリーダーたちのうちの100人が「渡島」とやらのエミシの勢力圏内の村々の長たちだったとして、その長一人ひとりがそれぞれの村から10人ずつのエミシを同道して馳せ参じたということであり、その総数が締めて3,000人ともなれば、村の数が300もあったということになり、それほど多くの村があって、それだけ多くの人数を揃えての行動だったとなれば、「渡島」はそれなりに広大な勢力圏だったということであり、そこがどこだったかということを考えて見てみるとき、それは、あるいは、北海道の渡島半島だったということも一

応は考えられなくもないのでありますが、しかし、そのエミシの総数が3,000人ともなれば、厳冬の季節にそれだけ大勢のエミシの人たちを引き連れて、どのようにして津軽海峡を渡って秋田営下までたどり着いたのか、そして、もと来たコースを帰ったというのかということになり、それは常識では考えられない至難の業であります。ことさらに疑問に思うのは、津軽海峡の荒海を船で往復したとして、その数3,000人ともなれば、そのころの船一艘の大きさが10人乗りの手漕ぎ船だったとしたら、その船の数が、優に300艘にもなります。もしも15人乗りの手漕ぎ船だったとしても、200艘になります。それだけの船数の大船団を組んで厳冬の津軽海峡を渡って、秋田営の浜まで馳せ参ずるということは、およそ信じられないことであります。やはり、ここにいう「渡島」は、北海道の「渡島半島」を指す「渡島（わたりしま）」ということではなく、「渡島＝下北説」にいう青森県の「宇曾利」を本拠地として栄えたと考えられるエミシの一大勢力圏だった所としての「渡島」だったということになると思うのであります。

津軽（つがる）[青森県]
「津軽」の地名は、日本書紀斉明天皇元年（655年）7月11日の条に、「津刈」のエミシ6人が北越や陸奥のエミシたちと共に難波の都の朝堂に参内して官位を授けられて帰ったとあり、次いで同4年（658年）4月の条に安倍比羅夫の第一回目の北航の記録があり、そのおりに、「津軽」のエミシたちが淳代（能代）や渡島のエミシたちと共に有間浜に集められて接待を受け、服属を誓って帰されたとあります。

以来「津軽」は「都加留」、「津賀留」、「東日流」などとも表記されましたが、その語源はアイヌ語であるとみられ、その解釈が問題になり、いろいろとその解釈事例が挙げられておりますが、それらうちのこれぞと思われるものを示すと次の複数の事例の解釈が考えられます。

① 「つがる」の語源は、アイヌ語の「sir・pes・tukari」の語頭の省略形としての「tukari」で、その意味は、=「海際に迫る切岸の山・の手前」ということであり、それは、つまり、「斯梨蔽之・の手前」と解され、その語頭の「sir・pes」が省略された形としての「tukari」から転訛した「津軽」の地名であるということになります。

　ただし、ここにいう「斯梨蔽之」とは竜飛崎と小泊半島との間の、いわゆる「竜泊海岸地方」を称する地名であると考えられます。

② 「つがる」の語源は、アイヌ語の「tukar・us・i」の語尾の省略形としての「tukar」で、その意味は、=「アザラシが・群生する・所」と解されます。

　以上主な解釈として二通りの事例が考えられますが、このケースでは上記①の解釈が本命であると思っております。

白神（しらかみ）［青森県］

　世界遺産「白神山地」で有名な「白神」の語源は、蚕の神であるとされる「オシラ様」に由来するとか、「白神山地」の巨大な凝灰岩の白い大岩壁として知られる「大崩山」こと「日本キャニオン」を指す称としての「sirar・kamuy（岩の・神）」で、その「sirar・kamuy」から転訛したのが「白神」

であろうなどとも言われたりしていますがどうでしょうか。

　20年ほど前のことであります。筆者が何度目かの「深浦十二湖県立自然公園」方面の踏査に訪れた折に、早朝から午後3時ごろまで十二湖とグランドキャニオン周辺を見て回って、ここがアイヌ語でいう「kamuy・hechiri・kox（カムィ・ヘチリ・コホ）」=「神々の・歌い踊る・所」を称する聖地か、そうだとすると、「白神」の地名と「深浦十二湖自然公園」とがどのように関わりあっているのかなどと考えながら山を下り、「白神山地」の麓の森山海岸の入江の浜に出て、疲れた体を砂浜に横たえて休めながら、目の前の夕日に照り映えている美しい磯岩の入江の景色に見とれていたとき、ふと気付いたのは次のような解釈でありました。

　「白神」の地名は、十二湖周辺の山と湖の自然美と、それに目の前の森山海岸の磯岩の入江等の海の自然美とが一体となって連なる広域の、いわゆる「kamuy・hechiri・kox（神々が・遊び歌い踊り賜う・所）」としての一大聖地を指す地名ではないかと考えました。そして、その地名のルーツは目の前の森山海岸の「ガンガラ穴の岩島のある入江」の称であった「sirar・ka・muy（磯岩・の岸の・入江）」が、十二湖等を含めた一大聖地である「kamuy・hechiyikox」全体の名に転移した意味としての称ということであろうと気付いたのでありました。

今別川（いまべつがわ）［青森県］

　今別町の「今別川」は、アイヌ語の「i・mak・un・pet」の「un」が省略されて転訛した形としての「i・mak・pet」→「imappet」であり、その意味は、=「聖なるそれが・後ろ・

に入って行く・川」と解されます。

　この川は、岩手県の葛巻町から流れ出て八戸湾に注ぐ「馬淵川」の語源の「mak・un・pet」の「un」が省略されて「mak・pet」となっているのと同様に、「i・mak・un・pet」が「i・mak・pet」→「imappet」になったものであろうと考えました。この場合の「i（聖なるそれ）」と申しますのは、この川に毎年遡上するサケが、彼らエミシの人たちにとっては有難い「神の魚（kamuy・chep）」と呼ばれているからであろうと思います。また、この場合の「後ろ・に・入って行く・川」とは、この川の上流部が上股川の名で曲流して山の中に入って行っている形になっているからこのように名づけられたものと考えられます。

竜飛崎（たっぴざき）[青森県]

　「竜飛崎」の語源は、アイヌ語の「tap・pi・etu」の後略の形の「tap・pi」→「tappi」からの転訛で、その意味は、＝「肩のような・岩の・岬」と解されます。

　この岬の沿岸の海を航行する船の上から見上げる「竜飛崎」の景色は、まさにそのとおりであります。

うたる澗（うたるま）[青森県]

　竜飛崎の先端が双こぶ型の岬の形をしていて、その間が弓なりにへこんだ形の小さな砂浜の入江になっており、その砂浜の入江を挟んで東側に突き出ている岬が「やましめの岬」で、西側に突き出ている岬が「うたる澗の岬」と呼ばれております。そして、その間にある弓なりに入り込んでいる「小さな砂浜の入江」が、すなわち「うたる澗」であります。

「うたる潤」とは何かということで、アイヌ語地名に詳しい地元の古老に尋ねてみたところ、ここの「うたる潤」は「うたの潤」とも言われており、アイヌ語の「ウタ（砂浜）」に「入江」のことを言う「マ（潤）」で、＝「砂浜の・潤（入江）」という意味であるとのことでありました。

資料を調べてみると、山田秀三先生の「アイヌ語地名の研究」でも同じ解釈が示されており、筆者もこの解釈についての仮説の一つはその通りでしたので、即、納得できました。しかし、以前から筆者なりに別にもう一つの解釈の仮説を温めていたので、現地の浜に降り立ってつぶさに観察してみたところ、ひいき目かも知れませんが、筆者の考えているもうひとつの仮説の方がよりしっくりした解釈であるように思えるところがあり、次のように考えました。

「うたる潤」の語源は、アイヌ語の「uturu・ma」で、その意味は、＝「それの間の・潤（入江）」と解されます。

ただし、この場合の「uturu」は「utur（あいだ）」の第3人称形で、「それの間（あいだ）」という意味であります。したがって、ここに言う「うたる潤」とは、「やましめの岬とうたる潤の岬との間にある入江」であるということで、このように「uturu・ma」と解されると考えたのでありました。

川柱（かわしら）[青森県]

外ケ浜町三厩の上宇鉄から竜飛崎に向かう国道（はまなすライン）の尻神大岩壁の手前の所に「川柱」の地名があります。この地名について地元の人に尋ねたら、現在「川柱」と書いて「かわしら」と呼んでいるが、昔は「蚊柱」と書いて「かばしら」と呼ばれていたとのことでありました。資料を調べ

てみると、天明の人である菅江真澄の紀行文にも「蚊柱」と出ており、「かばしら」と呼ばれていたもののようであります。

この地名もこの地がアイヌ語系地名の密集地であることと、その発音の近似性等から推して、次のようなアイヌ語系の地名であるということがわかります。

「かばしら」の語源は、アイヌ語の「kapar・sirar（カパル・シラル）」が音韻変化した形としての「kapassirar（カパシシラル）」で、その意味は、＝「平岩の・岩礁」と解されます。

この辺りで「平岩の・岩礁」と申しますと、それは、この集落の沖合100m余りの所に、干潮の時には大戸瀬崎の千畳敷のように海面上に広くて平らな岩盤を見せ、満潮の時には大方が海面下に隠れる、いわゆる「波かぶりの平板岩」であります。この磯岩のことを、地元の人たちは、現在「平磯」と呼び、ワカメやコンブなどの海の幸を恵み与えてくれる有難い存在の平岩の磯であると説明しておられました。

野辺地（のへじ）［青森県］

山田秀三先生が金田一京助先生に、「野辺地町」の「のへじ」の南部訛の発音についてお尋ねしたところ、金田一先生の答えは「のべーずー」のように聞えたとのことであります。筆者が野辺地出身だと名乗る老人を知っていましたが、その人の常日頃の発音ではそれほどの訛は目立たない「のへじ」と聞えたと記憶しています。

「野辺地」の地名も、その読みと周辺の地形等から推して、アイヌ語系地名であろうと思わせるところがあり、次のような二通りの解釈があるように考えられます。

① 「のへじ」の語源は、アイヌ語の「nup・pet」で、その

発音は、音韻変化を伴って「nuppet」または「nupet」になり、その意味は、＝「野原の・川」と解され、明らかに「野辺地川」を称する地名であるとわかります。ちなみに、角川日本地名大辞典にもこの地名の由来はアイヌ語の「ヌッペッ」で、＝「野原を流れる川」ということであろうとあります。

②「のへじ」の語源は、アイヌ語の「chep・nuwe・an・pet（魚・豊漁・である・川）」の省略形の「nu・pet」で、その意味は、＝「豊漁の・川」と解され、やはり「野辺地川」を指す地名であることがわかります。

「野辺地川」がこのように「豊漁の川」だと申しますのは、「野辺地湾」に注ぐ幾筋かの川のうちで、この川が一番多くサケが獲れる川ということで名付けられた川名であるということのようであります。

上記①と②の事例のうちでどちらが本命かと申しますと、一般には①の方が正しいように言われているようでありますが、筆者は、むしろ②の方が正答のように思うのですがどうでしょうか。要は、どちらも音韻変化して「nupet」と読み取られるところから、「野原の・川」であると同時に「豊漁の・川」でもあるというように考えてもよろしいと思うのであります。

阿蘇辺の森（あそべのもり）[青森県]

「岩木山」は、かつて「阿蘇辺の森」とも呼ばれていたとのことであり、その名の「阿蘇辺の森」の「あそべ」とは「火を噴く」ということであり、「あそべの森」とは「火を噴く山」という意味であると伝えられております。

しかし、このように語源のアイヌ語を明示しないままでする解釈事例には、何となく納得しがたいところがあるわけであります。
　そこで、語源のアイヌ語を示して説明しますと次のようになると思います。
　「阿蘇辺の森」の「あそべ」の語源は、アイヌ語の「a・so・un・pe」→「asompe」で、その意味は、＝「燃える・火口・そこにある・もの（山）」になり、明らかに「岩木山」を称する山名であることがわかります。

鮫（さめ）[青森県]
　「鮫」は八戸市「鮫町」の町名で、その一角にウミネコの繁殖地である蕪島や蕪島神社がある海浜公園として世に知られております。
　「さめ」の語源は、アイヌ語の「sa・wa・an・mem」が音韻変化した形の「sawammem」で、その意味は、＝「浜・に・ある・湧水」と解されます。ただし、この「sa・wa・an・mem」は、中略された形で、＝「sa・mem（浜の・湧水）」でも通用したと思います。
　実際に現地を訪ねて見ますと、蕪島の向かいに砂浜があり、その砂浜のすぐ上の丘にきれいな清水、いわゆる名水が湧き出ており、地元の人たちは「御前水」と呼んで愛飲しているようであり、次々とポリ容器を携えて水汲みに訪れる人たちの姿が見られます。
　それにしても、この清水がどうしてあらたまって「御前水」と呼ばれるのかと申しますと、それは、かつて八戸南部の殿様が特別に好んで愛飲した名水であるからであるとも言われ

ていますが、その実は、その清水の湧く浜の向かいに海上交通の神として崇敬される蕪島神社が祀られており、その神社の御前の浜辺から湧き出ている「聖なる kamuy・wakka（神の水）」というところから名づけられたのがこの「御前水」の称であると考えられます。

　鮫町周辺には、蕪島町の「御前水」のほかに、二子石の稲荷神社の境内から湧き出ている「稲荷清水」やJR白銀駅の近くに湧き出ている「三島清水」などもあります。

蕪島（かぶしま）［青森県］

　「蕪島」は前記八戸市の鮫町のウミネコの繁殖地として世に知られているかつての島でありますが、昭和19年に海軍の基地にするために築港工事がなされたときに陸地との間の海が埋め立てられて陸続きの、いわゆる「トンボロ（陸繋島）」の地形になった所であり、次のように考えられます。

　「かぶしま」は、アイヌ語の「kapiw・us・suma」で、その意味は、＝「ウミネコが・群生する・岩島」と訳すのがよろしいと思います。

　人によっては「kapiw・mosir（ウミネコの・島）」と訳すべきであるとか、「kapar・sirar」が音韻変化した形としての「kapassirar（海岸の・平岩）」であるとする解釈もあると提示されてあるようでありますが、筆者としては、やはり、「kapiw・us・suma」からの転化と解するのが至当であると考えております。

　この島の名の「蕪島」については、その語源が以上に示すようなアイヌ語系の称ではなく、別の和語地名であるとかいう幾つかの説もあるようでありますが、そのうちでも特にい

ただけないのは、「蕪島」の「かぶ」のルーツはこの地方で「カブノハナ」と呼ばれている野草があり、その「カブノハナ」が生えている島ということで、その名が「蕪島」と呼ばれるという解釈であります。

しかし、このような和語系の地名説は「蕪島」がアイヌ語系地名であることに気づかないでした誤った解釈であるということになると思うのであります。何となれば、この島は誰が見ても「ウミネコ（kapiw）」の繁殖地である「岩島（suma）」であるという事実がはっきりとしているのに加えて、蕪島がそのような野草（カブノハナ）が自然に育つ環境の土地柄ではないということが明らかであるからでもあります。現に蕪島にカブノハナが生えているではないかと申される向きもありますが、それは誰かが意図的にわざわざ移植したものであり、それは自然に生えた在来種ではないと思うのであります。

日計（ひばかり）[青森県]

八戸湾に流れ出る馬渕川の下流域の左岸の沖積地は、その昔は、馬淵川の乱流跡に残った河跡沼や湿原が連なる自然豊かな水郷地帯だったと考えられ、そこはハクチョウやマナヅルの飛来地となっていた所だったようであります。その中にあったのが「石堂」で、＝「i・us・to（マナヅルが・群来する・沼）」であり、ここに言う「日計」は、＝「pipa・kar・us・i（ヌマガイを・獲りつけている・所）」の語尾が省略された形の地名として解釈されます。

尻労（しつかり）[青森県]

「尻労」は江戸期から明治22年までは「志利労（しりつか

り）」でしたが現在は東通村の大字名の「尻労（しつかり）」になっています。現地の古老たちの発音では「しっつかり」と聞こえます。

「しつかり」にせよ、「しっつかり」にせよ、その語源は何れも、アイヌ語の「sir・tukari」ですが、この場合の発音は、音韻変化を伴って、「sittukari」になり、現在の現地の古老たちの話す「しっつかり」の発音にマッチし、その意味は、＝「海際に迫る切岸の山・の手前」と解され、この地の地形と完全に一致します。

ちなみに、青森県のこの「尻労」の地名によく似た地形をしている地名に北海道長万部の北西のはずれに「静狩（しずかり）」があり、別訓で「しつかり」とも言います。岩手県の岩泉町の小本海岸にもそっくりの地形の「志塚里（しつかり）」があり、訛って「日塚里（ひつかり）」とも言われたりしております。

野牛（のうし）［青森県］

東通村の津軽海峡側の海岸に大字名の「野牛」があり、そこに「野牛沼」がありますが、その昔はそこが入江状の沼だった所であると言われております。

「野牛」の語源は、アイヌ語の、①「nu・us」か、または、②「no・us」かのどちらかで、その意味は、①だとしたら、＝「豊漁の・入江」と解され、②だとしたら、＝「良い・入江」と解されます。これら二つのうちのどちらの意味だったのでしょうか。

この沼は、現在は沼から海に至る水戸口の所に流砂が堆積して陸地化して海と沼との間が500mほども離れた状態に

なっていますが、古代のエミシの人たちの時代には、現在のようにそこの水戸口の浜に砂がまだそれほど堆積されていなかったので、その昔の「野牛沼」は、海に直接口を開いたΩ字型の地形の入江状の汽水沼で、しかも、その奥に現在もそうであるようにサケやマスの遡上する清流である「野牛川」が流れ込んでいたと考えられ、そこは確かに①の意味の「豊漁の・入江」だったに違いないと思うのであります。そして、そこはまた、津軽海峡に面する下北半島の尻屋～大畑間の凹凸のない長い弓なり海岸のうちの中ほどにある唯一の入江らしい入江であったということで、嵐を避ける海の避難港としても、地元の漁師たちの常時の船繋りの港としても、どちらの役にも立つ文字通りの「no（良い）・us（入江）」でもあったということが十分に考えられます。

　そこで、筆者としては、ここにいう「no・us」の称の意味は、「良い・船繋りの入江」であると同時に、合わせて「豊漁の入江」でもあるということで名づけられた地名としての「no・us（良い入江）」の称であったと理解するのが、妥当な解釈であると思っておるわけであります。

入口（いりくち）[青森県]

　野牛に小字名の「入口」があります。「入口」の語源は、アイヌ語の「ir・kut」で、その意味は、＝「一続きである・岩層の崖」と解されます。

　この地名は、「入口」の集落の海岸からその西の蒲野沢海岸にかけての砂浜に沿って帯状に連なっている「一続きの帯状の岩崖」があります。「ir・kut」は、その「岩崖」を称する意味としての地名であり、その「ir・kut」から転訛した

のがこの「入口」の地名であると考えられます。

地元では野牛集落の「入口」にあるから「入口」というとか、アイヌ語の「i・ru・kucha」で、=「クマの・通り道の・狩小屋」からの転訛地名であるとか言われているようでありますがどうでしょうか。

筆者としては「ir・kut（一続きである・岩層の崖）」が正解であろうと考えております。

蟹田（かにた）[青森県]

外ケ浜町の「蟹田」は、「田んぼにカニが多く棲息している所」ということで名づけられた地名であろうなどと一般に言われたりしておりますが、この地名も典形のアイヌ語系地名であると考えられ、次のように解されます。

「かにた」の語源は、アイヌ語の「kani・uta」が通常の会話で音韻変化を伴って発音される形としての「kanita」で、その意味は、=「砂鉄の・砂浜」と解されます。

「kani」は「kane」でもよく、主に「鉄」のことを言い、「砂鉄」、「メタル」、「貨幣」等の意味としても使われます。津軽山地の分水嶺から東流して陸奥湾に注ぐ川が「蟹田川」であり、別に「中師川」とも呼ばれています。この川の流域の川原には砂鉄が多く含まれている砂層が露出して見えており、特に中流域の小国地区などにはその砂鉄の採掘現場の跡が今日まで歴然として残っており、河口の周辺の砂地の所や埋め立て工事から免れて僅かに残っている砂浜の砂のなかにも、かなり多めの黒い砂鉄が混じっていて、手に取るとずっしりと重く感じられます。

ちなみに、江戸期の初め、津軽藩では弘前城築城のために

必要とされた鉄の金具や道具類をここ蟹田の砂層から採取した砂鉄を製錬して賄ったと伝えられております。

中師（ちゅうし）と鷲尾山（わしおやま）[青森県]

　津軽山地の分水嶺から東流して陸奥湾に注ぐ蟹田川は別に「中師川」とも言い、その川尻を挟んで、およそその南側が蟹田で、北側が「中師」であります。「ちゅうし」の語源は、アイヌ語の「chasi」で、その意味は、＝「砦」と解されます。

　「中師」のどこにその「砦」があったのかと申しますと、蟹田川の川口の左側の海岸にそばだって見えている「観瀾山」と呼ばれる小山がありますが、その小山こそが、ここにいう「chasi の丘」だった所であります。

　「観瀾山」は読んで字のとおり、「波を観る山」ということで、大正 12 年に名づけられた新しい地名でありますが、その前の元の地名は「鷲尾山（わしおやま）」であり、おそらく、その名の「鷲尾山」の「わしお」の称は、アイヌ語系地名であると思うところがあり、筆者としては、その名の「わしお」は、アイヌ語の「wen・sir・o・i」が音韻変化した形としての「weysiroi（ウェィシロイ）」で、＝「海際に迫る切岸の崖・そこにある・者（山）」からの転訛地名であると解することができ、この地名は、その昔、この地方に住んでいたエミシの人たちが、波にさらわれないように難儀しながら、かろうじて通り抜けることができたであろう難路の崖の所としてのアイヌ語地名からの転訛地名であったと考えられ、やはり、「中師」の地名と同様にこの地の地形とその地名とがマッチしています。

　ちなみに、ここにいう蟹田の「中師」の語源は、蟹田川に

かかわるアイヌ語系地名の「chiw・as・i」で、＝「川の流れが・波立っている・所」であろうと、山田秀三先生などもおっしゃっておられますが、はたして、その通りでしょうか。筆者としては、やはり、前記のとおりの「chasi」説を採ります。その根拠はそこに「chasi遺跡」が歴然と見えているからであります。

三厩（みんまや・みうまや）[青森県]

外ヶ浜町の「三厩」は、そこに源義経が3頭の竜馬を繋いだと伝えられる厩石の岩窟の小山があるということにちなんで名付けられたとする由緒ある地名であるなどと言われたりもしているようでありますがどうでしょうか。しかし、その話は架空の昔話にかかわることであり、史実として受け入れられる筋合いの話ではないと思うのであります。

この「三厩」は江戸期になってから初見する地名のようでありますが、旧訓は「みうまや」だったということはその通りであるとして、その解釈が難しいということで、この道の先学の第一人者である山田秀三先生なども、「岩手県の千厩と青森県の三厩は閉口する地名である」とつぶやいておられます。

そうだとしても、歴史資料や地理上の位置関係なども視野に入れてよく考えると、次のようになると思います。

「みんまや」の語源は、アイヌ語の「muy・un・mak・ya」が音韻変化した形の「muyummakya」で、その意味は、＝「入江・そこにある・後ろの・陸岸」と解されます。

ここにいう「入江・そこにある・後ろの・陸岸」と申しますのは、古代のエミシの人たちの認識では、日本海沿岸航路

が日本の北辺の海の表通りとして意識されていたということで、その先の下前や小泊の浜が北の海の表通りの陸岸であると見て、そこから北上して竜飛岬の後ろ側に大きく右回りに回り込んで行く所にあるのが「三厩湾」であり、そこは、日本海沿岸の下前や小泊の浜から見て、まさに「入江・そこにある・後ろの・陸岸」と位置付けて考えられるということのようであります。

わしり［青森県］

東通村の岩屋から尻屋崎灯台に向かう道が赤坂と呼ばれる坂道に差し掛かる辺りの古道が岩崖の下を通る小道になっており、その古道の小道を通り行く人が半歩でも足を踏み外せば間違いなく津軽海峡の荒海に落ちるという岩崖の険路になっております。この辺りの険路の所が、地元の人たちから「わしり」と呼ばれていた所だったようであります。

「わしり」の地名は津軽海峡の向こう側の北海道の沿岸に意外に多く見かけられますが、海峡のこちら側の青森県の海岸にも処々に見かけられる地名であります。下北半島には、ここの「わしり」が１か所だけでありますが、津軽半島には、前述の観瀾山の「わしり」のほかに６か所にもあり、合わせて８か所に見えるアイヌ語系地名であり、次のように考えられます。

「わしり」は、アイヌ語の「wen・sir」が音韻変化した形としての「wey・sir（ウェィ・スル）」からの転訛で、その意味は、直訳すると、＝「悪い・山」でありますが、これを意訳すると、＝「海際に迫る切岸の・断崖」と解され、「水際に迫る難路の崖の所」のことを言います。

木造（きづくり）[青森県]

　つがる市の「木造」の地名は、和語地名ではなく、次のようなれっきとしたアイヌ語系の地名であります。

　「きづくり」の語源は、アイヌ語の「ki・tuk・ur」で、その意味は、＝「アシが・生えている・丘」と解されます。「木造」は、日本海沿岸の七里長浜一帯に広がる屏風山砂丘と呼ばれる砂層台地のエリアの丘に名づけられている地名であって、今でも七里長浜の現地を訪れるとそこに幾つか残っているその「ki・tuk・ur」が、およそ原風景そのままの姿を見せております。

苫米地（とまべち）[青森県]

　南部町役場所在地付近の地名が現在「苫米地」で、かつては「人馬別」とも表記された古い地名であり、人の姓にもなっている地名であって、次のように解されます。

　「とまべち」の語源は、アイヌ語の「tomam・pet」で、その意味は、＝「湿地の・川」であります。

　この地名箇所は馬淵川の河岸平地とそれに接して連なる河岸段丘からなっておりますが、現在は、河岸平地のエリアがおよそが水田に変っており、その一部がアシなどの茂る湿地のままで残っております。地元の古老たちから聞いたところによれば、この地の水田開発は藩政時代からおよそ継続的に進められてきた所であるとのことでありますが、古老たちがまだ若かった昭和初期のあたりには河岸平地の所々に川跡と思われる泥沼やアシ原の湿地が見られたとのことであります。

十和田湖（とわだこ）[青森県・秋田県]

「十和田湖」の「とわだ」は、アイヌ語の「to・wa・uta」が会話の上で当然に音韻変化を伴って発音されたと思われる「towata（トワタ）」からの転訛で、その意味は、＝「湖の・岸の・砂浜」と解されます。

これは、おそらく現在の十和田神社前に広がる「御前ヶ浜」の辺りのことを称する地名が始まりで、その昔のエミシの人たちによって名付けられた地形地名であると思います。

このほかに、次のような解釈事例もよく見かけられますので一言触れたいと思います。

「とわだ」は、アイヌ語の「to・watara」からの転訛で、その意味は、＝「湖の・立岩」と解されるというものであります。

この解釈事例は、湖岸に屹立する絶壁の岩に囲まれた中湖の火口壁の奇岩の地形の所の辺りを称する地名としてはおよそマッチするものでありますがどうでしょうか。

さらに、もう一つ見かけられるのは次の事例であります。「とわだ」は、アイヌ語の「tuwar・to」からの転訛で、その意味は、＝「生ぬるい・湖」と解されるというものであります。

この湖はかつて大きく爆発した火口にできたカルデラ湖でありますから、湖水の温度がマグマの熱で加熱されて上昇していた時期があったということも、あながち否定できないと思うのでありますがどうでしょうか。

以上でありますが、筆者としては、上記の「to・wa・uta」→「towata」が、その発音の音韻のうえからも、現地の地形のうえからも無理のない妥当な解釈であろうと考えて

おります。

　ちなみに、別に「十和田」の地名の由来であるとして、「十の湾がある湖」ということで名付けられた地名であるとか、また、その名がかつて「十渡湖（とわたりこ）」と呼ばれたということでこのような地名になったという説も何かの本で見たことがあるということも念のため付け加えておきます。

車力（しゃりき）[青森県]

　つがる市の「車力町」の「車力」の地名由来は、鎌倉期に津軽安藤氏を頼ってこの地に移り住んだという鎌倉幕府の御家人柾子弾正なる者が京都から持参したという牛車にちなんで名づけられた地名であるなどと言われたりしておりますがどうでしょうか。

　この地名はこの地の地形・風土にちなんだアイヌ語系地名であり、次のように考えられます。

　「しゃりき」の地名は、アイヌ語の「syar・kim（シャル・キム）」で、その意味は、＝「アシ原の・里山」と解されます。

　「アシ原の・里山」ということは、現にそこに残っている「屏風山」のことであると考えられます。

　ということは、「車力町」とは「アシ原の・里山の・町」であり、つまり「屏風山の・町」ということになります。

易国間（いこくま）[青森県]

　風間浦村の「易国間」は、現在その表記の通りの「易国間」でありますが、かつては「異国潤」、あるいは「夷国潤」などとも表記され、江戸期までは、この地のアイヌ族の有力族長だった「アシタカ」の支配地として知られていた所だった

と伝えられております。

「易国間」には和語地名説もあり、それを拾い上げてみると、昔、蠣崎蔵人が韃靼から軍馬や糧秣を輸入したことがあり、その時この地の「澗（港）」が荷揚げの港に使われたということであり、それ以来、その名が「異国澗」と呼ばれるようになり、それが転じて今日の称の「易国間」になったとか、あるいは、北畠顕信が国代の南部政長を従えてこの地の港で韃靼の使者と対面して交易の取り決めをし、その取り決めに従って開かれたのがこの港であり、それゆえにその名が「異国澗」と呼ばれ、それが転じて今日の「易国間」となったというようにも伝えられています。

しかし、これらの和語地名説には日本史の常識を超えるところがあり、史実としての解釈にはいささかの無理があるように思われます。

そこで考えられるのは、次のようなアイヌ語系地名としての解釈であります。

「いこくま」の語源は、アイヌ語の「i・kot・kuma」→「ikokkuma」で、その意味は、＝「聖なるそれの・跡の・横山」と解されます。

この場合の「聖なるそれ」とは、おそらくそこにある偉大なアイヌの族長と伝えられているアシタカ一族の「チャシ（砦）」のことであり、「横山」と申しますのは、現に大石神社が鎮座している丘陵地のことであると考えられます。

したがってこれを書き換えますと、＝「偉大な族長アシタカのチャシの・跡の・横山」と解することができます。

ということであり、この地名は、その昔、「易国間」に江戸期まで続いたと伝えられる族長アシタカ一族がいて、その

一族の偉大な先祖の「砦跡」が「易国間の澗」の背後の現在の大石神社の丘の上にあったということを物語るものであると思います。

秋田（あきた）[秋田県]

「秋田」は現在秋田県の県名や秋田市の市名になっています。

この地名の初見は斉明天皇4年（658年）の安倍比羅夫の北航の条に「齶田（あぎだ）」とあるのがそれであり、翌5年（659年）の条には「飽田（あぐだ）」とありますが、そのどちらもこの地方特有の訛音の読みと見てよいと思います。

「あきた」の語源は、アイヌ語の「a・ki・uta」で、その意味は、＝「燃える・油の・砂浜」と解され、その昔、秋田市のど真ん中の海岸にある八橋油田の辺りの砂浜に原油がにじみ出ていたということで名づけられたのがこの地名であると見てよろしいと思います。

「秋田」では、その昔、地表ににじみ出た原油を「臭水（くそうず）」と称して採取し、戸外のたいまつ代わりの灯りにして使ったと言われます。（注：油はkeですが、kiとも言います）

男鹿（おが）[秋田県]

日本書紀斉明天皇4年（658年）の条に安倍比羅夫の第1回目の北航についての記録があり、齶田（秋田）のエミシの族長と見られる「恩荷（おんか）」が比羅夫の前に進み出て、朝廷の命に誠実に従う旨を誓って服属し、官位を授けられて

能代・津軽二郡の郡領に任命されたとあります。

　この時服属を誓った「恩荷」は、その時の秋田・男鹿周辺のエミシの有力族長の一人と見られる人物でありますが、その「恩荷」の名前のルーツの始まりは、その地の地名であったと思われる「on・ka」から取って名づけられた「恩荷」であると思われます。

　実は、アイヌ語族が常用として着る衣服用織物の原料となるものにオヒョウの木の樹皮がありますが、彼らは春になると山に入ってそのオヒョウの木の樹皮を剥いで家に持ち帰り、池や川でしたら２週間ほど、そばに温泉がある所でしたら温泉の湯に、４〜５日間漬けて樹皮の組織を柔らかくさせます。そして、柔らかくなった樹皮の内皮の繊維を丁寧にはぎ取って織物用の糸に加工します。この一連の加工の工程のなかで樹皮を池や川の水または温泉の湯につけて「柔らかく・させる」処理のことを、方言で「うるかす」と言いますが、アイヌ語では「on・ka」と言い、その「on・ka」の処理を施す場所のことを「on・ka・i」と称したと思われます。

　「on・ka」の処理作業としては、水に漬けるやり方がありますが、それよりも温泉の湯に漬けるやり方の方が時間的にも、出来上がりの品質の面から見ても、より効率的で優れた処理方法であるわけであります。

　そこで気が付くのは、「男鹿半島」には、北浦にその「on・ka」に適した「男鹿温泉郷」があるということで、この地の地名がその「on・ka・i」＝「on・ka をする・所」という意味で、初めは北浦の温泉地が「on・ka・i」と呼ばれ、それがやがて、「男鹿島全島」を称する意味としての「on・ka」の地名となったのではないでしょうか。そして、それが、この地の族長で

ある人物の又の名としての「on・ka」に転移したということであり、そのことを意味するのが、ここにいう秋田の族長の名としての「恩荷」であると考えられます。

入道崎（にゅうどうざき）[秋田県]
　「入道崎」の「入道」の語源は、アイヌ語の「ni・o・i・to」で、その意味は、山田秀三先生流に申しますと、=「流木が・ごちゃごちゃに寄り集まる・所の・海」と解されます。
　したがって、「入道崎」は、これにアイヌ語の「not（岬）」を後付けした形で、=「ni・o・i・to・not（流木が・ごちゃごちゃに寄り集まる・所の・海の・岬）」と呼ばれていたと考えられます。
　現代アイヌ語では、「海」は「atuy」とか「rur」で、「to」とは言いませんが、古い時代のアイヌ語では、現代アイヌ語で「池・沼・湖」を表す「to」が、「海」の意味にも使われたということであり、そのことは古いユーカラの文言などによって伝えられています。
　「入道崎」は日本海に大きく突き出ている男鹿半島の突端の岬であり、その海岸の海には無数の岩礁が海面上にまで頭を出しております。台風の後などにそこの海面に突き出ている岩礁の頭の連なる海岸に数多の流木が打ち寄せられている光景がよく見られます。

赤島（あかしま）・赤狭間（あかさま）[秋田県]
　入道崎の突端から県道211号線を左回りに戸賀の方に向かって1.3kmほど進んだ所に、現在「赤島」と呼ばれている小さな入江があります。

この入江が現在「赤島」と呼ばれているわけはどういうことかと、地元の古老に尋ねてみたところ、この入江の湾口の岸に赤茶色の海藻がいっぱいについていて、干潮時になるとそれが露出してことのほか赤茶色に見える小島があり、その小島がある入江ということでその名がこのように「赤島」と呼ばれているのだろうとのことでありました。
　しかし、実際にはどうでしょうか、筆者としては一概には信じがたいところがあるように思いました。それはどうしてかと申しますと、現在の地図を見るかぎりでは、「赤島」の名はこの入江の湾口の岬の突端の所にある小島の名前のように記載されており、地元の人たちがこぞってその小島の手前の入江そのものの名前が「赤島」で、湾口にあるその小島の方は、「赤島の入江の湾口にある島」という意味で「赤島」と称されているのではないかということであり、筆者としてはいささか納得のいかないところがあるように思いました。
　そこで思いついたのは菅井真澄のこの地の遊覧記でありました。早速書棚から彼の遊覧記を取り出して読んでみたところ、「男鹿の涼風」の章のところに、現在「赤島」と呼ばれいる「入江」のことが「赤島」ではなく「赤狭間（あかさま）」とはっきりと記載されていてあるではありませんか。筆者はやはりそうだったのか、そうだとすると、その読みからして、その元々の確かな地名は、アイヌ語の「wakka・san・ma」→「wakkasamma」で、その意味は、＝「飲み水が・山から浜に流れ出る・澗（入江）」と解されるということがわかりました。そこで、その解釈の仮説を懐にして現地を改めて踏査することにして、渚の上手の藪の茂みの中に分け入って見たところ、その中を静かに流れ下っている一跨ぎの小川を見

つけることができました。これはしたりと、よく調べてみると、その上手の所に水源の湧き口があり、その下手の方で流れが一旦浜の砂礫の中にしみこんで見えなくなっているのですが、それが波打ち際で地表に現れて海水の中に流れ込んでいるのがはっきりと確認できました。

　ということであり、この入江の浜こそが、アイヌ語の「wakka・san・ma（飲み水が・山から浜に流れ出る・澗）」からの転訛の「赤狭澗」であるということがわかり、「赤島」の称は、本来その湾口にある小島のことであるということがよくわかると同時に、ここの入江の本当の称は「wakka・san・ma」→「wakkasamma」で、実際のアイヌ語では「wakka」が「akka」とも「aka」でも通用しますので、菅江真澄の遊覧記にある「赤狭間」の表記がアイヌ語の「aka・san・ma」→「akasmma」にピタリと合うことがわかりました。

　その後に地元の古老から聞いたところによれば、かつて水道設備のなかった昭和の初めごろには、この清水はこの岬の浜の集落の人たちにとって年中通して涸れることのない数少ない貴重な「kamuy・wakka（神の・飲み水）」そのものだったとのことでありました。

寒風山（かんぷうざん）［秋田県］

　「寒風山（354.7m）」は「さむかぜやま」とも読み、「妻恋山」、「羽吹風山（はふかぜやま）」とも呼ばれました。

　地名由来については、角川日本地名大辞典に「北東の寒い季節風に由来する」とありますがどうでしょうか。

　筆者としては、おそらくこの地名は和語ではなくアイヌ語系地名であると見て次のように解釈しております。

「寒風山」の「かんぷう」の語源は、アイヌ語の「nupuri・ka・un・puy」の語頭が省略された形としての「ka・un・puy」で、その意味は、＝「山・の上・にある・こぶ山」になります。

　「寒風山」はやや扁平な古い地層の「アスピーテ（楯状火山）」の上に、やや新しい地層の「トロイデ（鐘状火山）」が「こぶ山」のように膨らみ出た形の「アスピトロイデ（二重式火山）」であり、まさに、この山はその通りのアイヌ語の「nupuri・ka・un・puy（山・の上・にある・こぶ山）」と称する「アスピトロイデ」そのものずばりの火山の称の山であることがわかるのであります。

　この山の名は、その昔、漁労や交易に携わるエミシの人たちが、男鹿半島沖の航路を通る船の上からこの半島の山を見上げたときに、その山容に感じて名づけたものであると思われますが、それにしては、この山の成り立ちが「アスピトロイデ」の火山であったことを見抜いたうえでこのようなモダンな山名であるということであり、それを名づけた彼らの感性の鋭さにただただ脱帽の思いであります。

黒又山（くろまたやま）［秋田県］

　「黒又山（280.8ｍ）」は、鹿角市の大湯環状列石の北東およそ２kmの所にあるピラミッド型の独立丘で、地元の人たちから「黒万太」と呼ばれて崇敬されている霊山であります。

　言い伝えによれば、この山は、その昔、ここ旧草木村の偉大な村長だった「黒沢万太郎」という人物が死んだとき、彼の生前の偉業を称え、その大いなる功績に報いるために、大湯環状列石から見て聖なる方向で、聖なる位置であるそこの

原っぱに村人たちが総出で土を盛り、木を植えて造ったピラミッド型の墳丘であると伝えられております。

しかし、この山の名の「黒又（くろまた）」は、近年になってから、旧称であった「黒万太」の称からはずれて「くろまた」の称に転訛しつつあるということで問題になり、この地名は、その旧称であった「黒万太」の称に戻して次のように呼ぶのが正しい呼び方であると言われるようになったとのことであります。そこで、さらに考えられるのは、次のような解釈であります。

「くろまんた」の語源は、アイヌ語の「kur・oman・te・i」が連声した形としての「kuromantei」で、その意味は、＝「神を・神のクニに送り帰し・やる・所（山）」と解されるという解釈であります。

ここで「神を・神のクニに送り帰し・やる・所（山）」と申しますのは、彼らエミシの人たちの認識では、人が死ぬということは、人の本性である霊魂が、その肉体であった亡骸をこの世に残して、本来霊魂の住むクニ、神々の住むクニである聖なる神の山に帰って行くのを、この世に残る善男善女たちが心を込めてサポートして送り届けてやる所（山）という考え方に基づく解釈であるということであり、それが、すなわち「kuromantei」であり、＝「黒万太の山」であるというものであります。

この「kur・oman・te・i」に類似する語に、「i・oman・te・i」→「iyomantei」＝「聖なるそれ（神）を・それ（神）のクニに送り帰し・やる・所（山）」という「熊祭り」などの、いわゆる、アイヌ語族の人たちによる「もの送りのお山」のことを称する語がありますが、この場合の前者の「kur・

oman・te・i」の「kur」は、後者の「i・oman・te・i」の「i」であり、どちらもただの「i（それ）」ではなく、「i（聖なるそれ）」ということであります。

生保内（おぼない）[秋田県]

　仙北市に「生保内」の地名があります。この地名のルーツはそこにある「田沢湖生保内」の「生保内沢」にあるということがわかり、筆者は次のように解釈しました。

　「おぼない」の語源は、アイヌ語の「op・ne・top・o・nay」で、＝「矢柄・にする・竹が群生する・沢」と解されます。そして、ここにいう「op・ne・top・（矢柄・にする・竹）」とは「根曲り竹」のことで、この「op・ne・top・o・nay」の「op・ne・top」を「op」に置き換えて書き直しますと、この語は、「op・o・nay」→「oponay（オポナィ）」で、その意味は、＝「矢柄竹・群生する・沢」ということになり、現在の和語の「生保内（おぼない）」の称にピタリと合致します。

　ということであり、これを要約しますと、[生保内]の語源は、アイヌ語の「op・o・nay」→「oponay」であり、その意味が、＝「矢柄竹（根曲り竹）・群生する・沢」ということになります。

　ちなみに、角川日本地名大辞典や旧田沢湖町史には、「生保内」の語源は、アイヌ語の「oho・nay」で、＝「深い・川」を意味するなどと解釈しておられるようでありますがどうでしょうか。また、「おぼない」といえば、即、思い浮かぶのは、「o・pon・nay」→「oponay」で、＝「川尻・小さな・川」という解釈でありますが、実際の現場の川の地形が現にそう

であるとも、かつてもそうであったとも想定できないようであり、「生保内川」のそのような由来としての解釈は当てはまるとは考えられないと思うのでありますがいかがでしょうか。

三内（さんない）[秋田県]

「秋田市三内」の「さんない」は、戦国期に見える村名で、その後江戸期から明治22年まで「三内」でありましたが、現在は秋田市「河辺三内」であります。

この「さんない」の語源は、アイヌ語の「san・nay」で、その意味は、直訳すると、＝「山から里に下る・川」と解されます。

しかし、このように「山から里に下る・川」と申しますと、世の中のすべての川が「山から里に下る・川」ではないか、それがどうして一部の川だけにそのような名前が名づけられているのかと、誰もが怪訝に思われるところであります。実はこの筆者もそのとおりであるということで、しばらくの間なんとなく気にかけておったところでした。ところが、この川の名の「san・nay」について、山田秀三先生が、いわゆる「san・nay」は、「upepe・san・nay（増水が・山から里にどっと流れ下る・川）」の語頭の「upepe（増水）」が省略された形としての「san・nay」であると考えられると発表されたのであります。それを初めて知った筆者は、即、なるほどと目からうろこが落ちる思いがしたわけであります。

こうして、「さんない」の意味は、＝「増水が・山から里にどっと流れ下る・川」と解釈するのが正しいということが、ようやくわかった次第でありました。

実際に語源がアイヌ語の「san・nay」だったと思われるいくつかの「さんない地名」の川を実地踏査してみて、確かに雨季や大雨の日になると、きまって流水が一気に増水して見る見るうちに奔流となって流れ下る川であるということがよくわかりました。

払田（ほった）[秋田県]

　大仙市の「払田」は平安期の柵か官衙の跡とみられる「払田柵遺跡」のある所として世に知られております。

　「払田」の読みは「ほった」でありますが、元々は漢音で「ふった」だったのが、後に唐音で「ほった」と読まれるようになったものと推定され、この地名のルーツはその古い方の読みの「ふった」にあるとみて考えるのがよろしいと思います。

　「ふった」の語源は、アイヌ語の「hup・ta・us・i」の後略の「hup・ta」であり、それが音韻変化した形で「hutta」と発音されるわけであり、その意味は、＝「マツノキを・いつもそこで切る・所」と解されます。

　ということであり、「払田柵跡」の周りに現に残る真山、長森の小丘は、マツノキの森だったということが推定され、現にその趣がはっきりと残っております。

瀬田石（せたいし）[秋田県]

　「瀬田石」は鹿角市の茂谷山の南麓に開けた村落で、戦国期に初見し、江戸期から明治22年まで「瀬田石村」で、現在は鹿角市の「十和田瀬田石」になっています。

　「せたいし」の語源は、アイヌ語の「seta・us・i」で、その意味は、＝「オオカミ・群生する・所」と解されます。

古いアイヌ語では「オオカミ」も「イヌ」も同じに「seta」でありましたが、エミシの人たちは基本的には狩猟採集を生業とする人たちでしたので、村々のどの集落のどの家にも狩猟のための猟犬が何頭も飼われていたと思われるところから、特定の村落に限って「犬・多くいる・所」を意味する「seta・us・i」などという村名があったとは思えません。したがって、ここにいう「瀬田石」の称の語源の「seta・us・i」は、間違いなく「オオカミ・群生する・所」という意味だったと考えられます。

茂谷山（もややま）［秋田県］

　東北自動車道十和田IC入口の北東2km余りの所に見える形の整ったトロイデ型の孤山が鹿角市の「茂谷山」であります。

　「もややま」の語源は、北海道札幌市の「円山」のアイヌ語の原名だった「mo・iwa」と同じで、その「mo・iwa」から音韻変化したのが「moya（茂谷）」であり、その意味は、＝「小さな・聖山」と解され、これを分かりよく言い換えますと、＝「神住み賜う聖なる小山」ということだったと思います。

森吉山（もりよしさん）［秋田県］

　「森吉山（1,454.2m）」は北秋田市の奥羽山脈と出羽丘陵の中間に位置する「森吉山県立自然公園」を代表する山で、古来阿仁地方の人たちから篤い信仰を集めてきた霊山であります。

　「森吉山」の「もりよし」は、アイヌ語の「moray・us・i」

→「morayusi」からの転訛で、その意味は、=「遅流川・多くある・所」と解されます。

ここにいう「moray（遅流川）」とは、小又川上流部の「ノロ川水系の流れ」を指すものと考えられ、具体的には「ノロ川」の枝川である「桃洞渓谷」や「赤水渓谷」などに見られる「浅い平板の河床の上を鏡のような滑らかな川面を見せながら静かに流れている川」ということで名づけられた文字通りの「のろい流れの川」であり、その名の「遅流川」の称にピタリとマッチする流れの川であります。

そして、その「遅流川」が処々に流れているということで、世の中の大勢の人々から注目されているのが、ここにいうアイヌ語地名としての「moray・us・i」であり、それがまた、そのアイヌ語地名から転訛した「森吉山」の「もりよし」でもあるということであります。

ということであり、「森吉山」とは、つまり、=アイヌ語の「moray・us・i・nupuri（遅流川・多くある・所の・山）」と解されます。

桃洞渓谷（とうどうけいこく）[秋田県]

「桃洞渓谷」の「とうどう」は、アイヌ語の「txto・o（トホト・オ）」が連声した形の「txto（トホト）」で、その意味は、=「お母さんの・お尻」と解されます。

ということで、「桃洞滝」とは、=「お母さんの・お尻のような・滝」と解釈され、実際にこの滝を訪れて滝壺の下流の方から見上げる誰の目にも、即、強烈に映るのは、流下するその滝の流れの形が、さながらアイヌの「巨大神の女神のそれ」にそっくりであるということであります。

ちなみに、樺太系アイヌ語では「お母さん」が「txto（トホト）」、北海道南のアイヌ語では「totto（トット）」と言い、「お母さんの・お尻」は、樺太系では、「txto・o」、北海道南では、「totto・o」で、これが会話のうえでは連声して、前者が「txto」に戻り、後者も「totto」に帰ります。

したがって、「txto」も「totto」も発音のうえでは共に「お母さん」とも「お母さんの・お尻」とも解されるわけであります。そして、ここにいう「桃洞滝」の「桃洞」の発音は、取り分け樺太系アイヌ語の「txto・o」→「txto」にそっくりであるのが注目されます。

なお、「桃洞滝」はその流れの形から、現に「女滝」、「安産の滝」、「子宝の滝」と呼ばれており、その昔は「女神の滝」、「良縁の滝」などとも呼ばれたと伝えられております。

赤水渓谷（あかみずけいこく）[秋田県]

「赤水渓谷」の名の「赤水」とは、アイヌ語の「wakka（ワッカ）」で、「きれいな飲み水」のことであり、それの語尾に和語の「渓谷」が後付けされたのがこの渓谷の地名であります。したがって、ここに言う「赤水渓谷」とは、アイヌ語の「wakka・us・nay」で、その意味は、一応、「綺麗な飲み水が・流れる・渓谷」と解したくなります。

ところが、ここにいうその「赤水渓谷」とは、そのような意味の渓谷ではなく、次のように解するのが正しいと考えられます。

「赤水渓谷」の川岸に昔から、土地の古老たちから「kmuy・wakka（聖なる・清水）」と呼ばれてきた名水の湧く泉があり、古来その名水の湧く泉がそこを通るマタギや山菜採りやキノ

コ採りの人たちの喉の渇きを癒してくれる有難い「kamuy・wakka」であるということで、この渓谷がその「wakka の湧き口・そこにある・渓谷」ということで、昔からそのような意味としての「赤水渓谷」と呼ばれてきたというわけであります。

　ちなみに、アイヌ語の「wakka」は訛って「akka（アッカ）」、「aka（アカ）」とも言われて一般に通用しているわけであります。

渟代（ぬしろ）・能代（のしろ）［秋田県］

　日本書紀斉明天皇4年（658年）安倍比羅夫の第1回目の北航の記録に「渟代（ぬしろ）」という地名が見えますが、この「渟代」が光仁期に「野代」と見え、戦国期からは「能代」と表記されるようになります。

　「渟代」の語源は、＝アイヌ語の「nu・sir」で、その意味は、＝「豊漁なる・大地」と解されます。

　そして、光仁期以後から見えるようになる地名の「野代・能代」であり、その語源は、＝「聖なる・大地」と解することができます。

　「渟代・野代」が何故に「豊漁なる・大地」であり、「聖なる・大地」であるのかと申しますと、それは「自然の恵みの多い・大地」ということのように考えられます。

　ということは、「能代」がそこを流れる米代川水系と、その米代川の注ぐ日本海の海を含めて、海の幸、川の幸が豊かであることを示す意味としての「nu・sir」であり、「no・sir」でもあるということのように解されます。

綴子（つづりこ）[秋田県]

「つづりこ」は、アイヌ語の「tu・tusiri・kox」からの転訛で、その意味は、=「古い・それの墓場・の所」と解されます。

この場合の「tusiri」は「tusir（墓場）」の第3人称形で「それの墓場」であり、ここで「それの墓場」と申しますのは、「神として祀るある特定の人の墓場」ということであると考えられます。

したがって、ここにいう「綴子」とは、=「古い・神として祀る人の・墓場・の所」と解されます。

この地名は、その昔、生前の功績が偉大であったエミシのリーダーだった誰かの墓がそこにあるということで名づけられ、祀られてある所としてのこのような地名であると推定され、岩手県北上市の「江釣子古墳群」で知られている「江釣子」の語源であろうとされるアイヌ語の「kamuy・heturi・kox」=「神々が・遊び（歌い踊り）賜う・所」の地名と、およそ同義であると解されます。

乳牛（ちうし）[秋田県]

「乳牛」は戦国期に初見する地名で、「知宇志」とも書き、そこに江戸期から明治9年まで続いた「乳牛村」がありました。

鹿角市花輪の旧市街地から県道66号線を大湯温泉に向かっておよそ3km進んだところで「乳牛川」にさしかかります。その「乳牛橋」の上から右手の方を見上げると赤い鳥居の稲荷神社の丘が見えます。この稲荷神社の丘が室町期の武将安保氏の館跡であると伝えられており、この地の地名の「乳牛」とその地形から推して、この稲荷神社の丘こそが、

この地の地名の「乳牛」のルーツであるとことが明らかであり、次のように考えられます。

「ちうし」は、アイヌ語の「chasi」からの転訛で、その意味は、＝「砦」と解されます。

つまり、ここにある戦国期の武将安保氏の館跡だったされる現在の稲荷神社の丘が、その昔のエミシの人たちの時代の誰かの「chasi（砦）」だった所であるということで、その名が「乳牛」と呼ばれ、その「chasiの跡」だった所に安保氏が城を構えたということのようであります。

エミシの人たちの時代の「chasi」から転訛したと思われるこの種の地名としては、男鹿市の「中石」、青森県外ヶ浜町の蟹田の「中師」、六ケ所村小川原湖の内沼の「中志」、岩手県奥州市江刺区の「銚子山」、それに千葉県銚子市の「銚子」などがあります。

浦子内（うらしない）[秋田県]

鹿角市上桧内に「浦志内」があります。

この「うらしない」の語源は、アイヌ語の「uras・us・nay」→「urasusnay」で、その意味は、＝「ササダケ・群生する・沢」と解されます。

一般に、この地名の語源は「uray・us・nay」で、その意味が「簗が・多く仕掛けてある・川」であるとする解釈事例もよく目に留まりますが、筆者の踏査によれば、この川は川尻付近でも一跨ぎで越えられそうな小さな谷川であり、簗を仕掛けて魚やカニやエビを捕るような豊かな流れの川とは見えませんので、そのような解釈は無理であろうと思います。

ちなみに、「うらしない」と呼ばれる川名としては、秋田

県内にこの川のほかに、北秋田市森吉に「浦支内」、仙北市西木に「浦子内」があり、岩手県内にも同類の地名が、岩泉町に2か所、葛巻町に1か所、計3か所にあり、両県合わせて6か所にありますが、筆者の踏査ではその何れもが「uras・us・nay」であり、「uray・us・nay」であると自信を持って言い切るに足る川は認められませんでした。

斉内川（さいないがわ）[秋田県]

「斉内川」は奥羽山脈の真昼山地から西流して玉川に合流する大仙市の川であります。

この「斉内川」の「さいない」は、アイヌ語の「sat・pi・nay」→「sappnay」からの転訛で、その意味は、＝「涸れる（乾く）・石ころの・川」と解され、岩手県の遠野市や八幡平市の「佐比内」と同類の川であります。

この川については、菅江真澄の紀行文の中に「この流れ、夏としなれば、この街道の辺りに水一滴も通さざるよし、云々」とあり、毎年夏の渇水季になると川下の方に決まって渇水現象が見られ、白く渇いた石ころの川底が見えるということであり、筆者自身も、毎年のようにその実景を目の当たりにしております。

現在のこの川の名の「さいない」の称は、つまり、アイヌ語の「sat・pi・nay」→「sappinay」から転訛としての「さひない」であり、それが新仮名遣いに伴って「さいない」と書かれるようになってこのように定着したということであります。

銅屋（とうや）[秋田県]

　秋田市雄和相川に「銅屋」の地名があります。この「銅屋」の地名由来については、旧雄和町史に「昔この地に鍛冶屋敷があったことによる」などとありますが、どうでしょうか。

　この地名は、その読みの「とうや」とその地の地形等から見て、典型のアイヌ語系地名であると考えられ、次のようになります。

　「とうや」の語源は、アイヌ語の「to・ya」で、その意味は、＝「沼の・岸」と解されます。

　この地名個所には、現に「内沼」と呼ばれる大きな沼があり、その岸に発達したのがこの「銅屋」の名の集落であります。

鹿角（かづの）[秋田県]

　「鹿角」の地名の初見は元慶2年（878年）に出羽の国に元慶の乱が起こり、その収拾に向う小野春風たちが騒乱の最前線となった雄物川下流域にあった秋田営の現地に直行することはせずに、胆沢城を発して陸奥路から岩手郡（現八幡平市）の七時雨山の肩部の車之走峠を越えて鹿角村に出るコースである「流霞道」を回り、蜂起した秋田城北12か村のうちの一番東の奥に位置する「上津野村（現鹿角市）」に、裏側から入り、そこで蜂起した村々の族長たちと会って和平交渉に入ることに成功し、その結果として、なんとか無血で終戦に持ち込むことができたということであります。その時に会談が持たれたところが当時の「上津野村」でありました。

　「かづの」の語源は、アイヌ語の「kot・nup」で、その意味は、＝「盆地の・野原」と解されます。

　「鹿角」の中心地は「花輪」で、広い盆地状の地形をして

おり、一般に「花輪盆地」と呼ばれております。

ちなみに、当時の斯波（現盛岡）から「車之走峠」を越えて「上津野村」に行く街道が「流霞道」であったということについては、前述のとおりであります。

発荷峠（はっかとうげ）[秋田県]

東北自動車道十和田ICから国道103号線を十和田湖に向かい十和田湖外輪山を越えて湖が一望できる展望台のある所が小坂町の「発荷峠（647m）」であります。

この発荷峠の展望台から見下ろす十和田湖の景色は、まさに絶景でありますが、この峠の辺りの地名が「発荷」であります。

「はっか」の語源は、アイヌ語の「hat・kar・us・i」の後略で、その意味は、＝「ヤマブドウの実を・いつも取りつけている・所」と解されます。

「hat・kar」は音韻変化して「hakkar（ハッカル）」と発音されます。

酢々内（すすない）[秋田県]

鳥海町の役場近くで本流の子吉川に支流の笹子（じねこ）川が合流します。この笹子川筋を通る国道108号線を南東に3kmほど進んだ所にアイヌ語地名の「pira・nay（崖の・川）」からの転訛と見られる「平根（ひらね）」があり、平根からさらに3kmほど進んだ所が高台になっており、そこから東側の川向かいを見渡すと「酢々内」の沢口が見えます。その沢口から奥が「酢々内」であります。

この「酢々内」については山田秀三先生が御著「東北・ア

イヌ語地名の研究」にすでにその解説をなされておられますが、次のように解されます。

「すすない」は、＝アイヌ語の「susu・nay」で、その意味は、＝「ヤナギ・沢」になります。

同じ「susu・nay」からの転訛地名としては、青森県田子町の「獅子内」、北海道当別町郊外の「獅子内」などがあります。

「ヤナギ」はアイヌの人たちにとっては、神事に使われる「木幣（inaw）」の大事な材料であります。

後生掛温泉（ごしょうがけおんせん）[秋田県]

八幡平頂上からアスピーテラインを秋田県側に6kmほど下った所の標高およそ1,000mの山中にある秘湯として知られる「後生掛温泉」もアイヌ語系地名であると考えられ、次のように解されます。

「後生掛温泉」の「ごしょうがけ」の語源は、アイヌ語の「kot・syo・ka・ke」でありますが、その発音は音韻変化して「kotshyokake（コッショウカケ）」になり、その意味は、＝「谷間の・滝（激湍）・の上手・の所」と解されます。

後生掛温泉の下の谷間を流れる川が澄川でありますが、その川の川下1km足らずの辺りが深い渓谷の急流になっていて、そこに瀑布のような転形の滝とは言えないまでも、累々と重なる岩塊の急坂の河床の渓谷を一気に流れ落ちている所があり、そのような流れの所は、和語では「滝」とは言わずに「激湍」と呼ぶことが多いのでありますが、アイヌ語では両者を区別せずにどちらも同じに「so（ソー）」とか「syo」と呼んでいるわけであります。

稲庭（いなにわ）［秋田県］

　湯沢市の「稲庭」は、アイヌ語の「inaw・an・iwa」からの転訛で、その意味は、＝「幣壇・ある・聖山」と解され、その読みは連声して「inawaniwa（イナワニワ）」と発音されます。この「inawaniwa」から転訛したのがここに言う今日の「いなにわ」であり、現在の稲庭小学校裏の「大森山（704m）」が当の「inawaniwa」であったということは、およそ確かであります。

　「幣壇」は「inaw・san」でありますが、このような場合には、しばしば「san（壇）」が省略され「inaw（幣）」だけでもその意味は同じ「幣壇」のことであるわけであります。

　アイヌ族の人たちにとって、「山」は、山そのものが「kamuy（神）」であると同時に、その山の上には神々の住まわれる「kamuy・kotan（神々の・村）」があると信じられておりました。大森山がその「kamuy・kotanの山」であるというわけであります。

　したがって、その山上には神に捧げる大小の「ご幣が立て並べられた祭壇」、いわゆる「inaw・san」が設けられてあったと思われます。その「祭壇に立て並べられたご幣」こそが、エミシの人たちの祈りの詞を神に伝え、神からのご神託を承る聖なる「依代（よりしろ）」でありました。

　なお、「inaw・an・iwa」の「iwa」を「聖山」と訳しましたが、この「iwa」の元々の形は「i・iwak・i」で、それから転訛したのがこの「iwa」であり、その原意は、＝「聖なるそれ（神）・住み賜う・所」で、それから「iwaki」→「iwa」になったと考えられます。

チゴキ崎（ちごきざき）［秋田県］

　秋田県と青森県との境の日本海に突き出ている岬が須郷崎でありますが、その須郷崎の南2kmほどの所の白い灯台の下に突き出ている黒い礒岩の岬が「チゴキ崎」であります。

　「チゴキ崎」の「チゴキ」の語源は、アィヌ語の「chip・koyki」で、その意味は、＝「舟を・いじめつける」で、これに和語の「崎」で、アイヌ語の「etu」が後付けされたのが「chip・koyki・etu（舟を・いじめつける・岬）」であります。ただし、このケースの会話のうえでの発音は音韻変化を伴って「chikkoyki」となります。

　ここに言うその「舟を・いじめつける・岬」と申しますのは、その付近の海岸が別に「岩浜」とも呼ばれているとおり、無数の岩礁の頭が海面上に見え隠れしているばかりではなく、意外に潮の流れの速い所でもあり、風や波が吹き荒れる日などには、昔の手漕ぎ舟などでは、木の葉のように吹き流されたり、林立する岩礁の頭に強く叩き付けられたりして難破することの多い恐ろしい礒岩の岬の海岸であります。その名の「舟を・いじめつける・岬」と申しますのは、明らかにそのことを意味して名付けられた地名であると考えられるのであります。

　したがって、その原形は、もしかすると、「chip・koyki・us・etu」で、＝「舟を・いつもいじめつけている・岬」だったとも考えられます。

余路米（よろまい）［秋田県］

　小坂町の津軽街道沿いに「余路米」があり、そこから奥が「余路米沢」になっています。

「よろまい」は、アイヌ語の「iwor・oma・i（イウォル・オマ・イ）」が連声して発音される形の「iworomai（イウォロマイ）」からの転訛で、その意味は、＝「狩場・ある・所」と解されます。

　ただし、「iwor」の真意は、人間が自然の神から恵み与えられるすべての「生活資料を受けいただく所」のことを言い、具体的には「狩場」、「漁場」、「山菜・キノコ等の豊かな自生地」などのことを称しました。ここ小坂町の場合の「iworomai」の称の由来はどうかと申しますと、それは、その時代に生きたエミシの人たちの主な生業が「狩猟」にあったことを思えば、おそらく、その時代を反映する生業として人気があったと思われる「シカやクマの棲息地」としての「狩場・ある・所」という意味の地名であったと考えられます。

狙半内（さるはんない）［秋田県］

　横手市増田の「狙半内町」の「さるはんない」は、「猿半内」、「猿葉内」とも書き、1600年（慶長5年）に初見した村名であります。

　「さるはんない」は、アイヌ語の「sar・pa・un・nay」から転訛したアイヌ語系の地名で、その意味は、＝「アシ原・のほとり・にある・川」と解されます。

　この地名は、古代のエミシの人たちが現在の「狙半内川」に名付けたアイヌ語地名がルーツであり、それが村名になり、現在の町名となったものであります。現地を訪れると現在の風景にその昔の面影が色濃く残っているのが目に入ります。

雄勝（おがち）［秋田県］

　湯沢市の「雄勝」は「小勝」とも書き、続日本紀によれば、758年（天平宝字2年）にこの地に「小勝城」が建てられ、翌年には「小勝郡」が置かれたとあります。

　「おがち」の称は、2005年（平成17年）に湯沢市と合併する前までは、町名として存在したのですが、それがなくなり、その後はこの地の中学校や高校名として残っております。

　「おがち」の語源は、アイヌ語の「o・kochi」で、その意味は、＝「川尻・の跡」、つまり「扇状地」と解されます。

　この場合の「o」は「川尻」で、「kochi」は「kot+i」＝「kot」の第3人称形で、＝「それの跡」という意味であります。

　旧雄勝村の辺り、つまり、旧小勝城のあった所と申しますのは、雄物川水系の上流部の役内川や雄勝川など流れの速い谷川が平地に流れ落ちて沖積地を造る所、つまり、「扇状地」であるわけであります。

　なお、「o・kochi」は、「川尻・についている所」という意味でもあり、やはり、＝「扇状地」ということであると説明することができます。

トロコ温泉（とろこおんせん）［秋田県］

　鹿角市の「トロコ温泉」は、八幡平アスピーテラインの秋田側インターの所にある温泉で、次のように解釈することができます。

　「トロコ温泉」の「トロコ」の語源は、アイヌ語の「taor・kot」で、＝「高岸の・谷間」と解されます。これに和語の「温泉」を後付けしたのが「トロコ温泉」であり、＝「高岸の・谷間の・温泉」という意味の地名であります。

この辺りは、米代川支流の熊沢川の急流によって浸食された深谷の高岸の地形になっており、その名の「トロコ温泉」は、文字通りの「高岸の・谷間の・温泉」そのものであります。

笑内（おかしない）[秋田県]
　北秋田市に「笑内」の地名があり、次のように考えられます。
　「おかしない」の語源は、アイヌ語の「o・kas・un・nay」で、その意味は、＝「川尻に・仮小屋・ある・川」と解されます。
　ただし、ここで「kas（仮小屋）」と申しますのは、水辺に建てて漁期に使われる「漁師の仮小屋」のことで、別に「inun」とも呼ばれ、ここでは阿仁川に遡上するサケ・マスの盛漁期に水辺に建てて使われたであろう「漁師の仮小屋」のことを称する地名であったろうと思います。
　そして、その場所が「o（川尻）」であるということは、おそらく、阿仁川の支流の鳥坂川が阿仁川に合流する鳥坂川の川口のやや下流の辺りのことを言う「川尻」で、そこにその仮小屋が建てられてあったということとして考えられます。
　ちなみに、この「o・kas・un・nay」の同類の地名としては、北海道に知里幸恵さんのゆかりの地と言われる幌内に「岡志別（o・kas・pet）」という川が流れており、十勝にも「o・kas・un・nay」という同類の川があります。

天内（あまない）[秋田県]
　能代市の「天内」は戦国期に初見する村名で、現在は能代市の大字名となっており、次のように考えられます。
　「あまない」の語源は、アイヌ語の「amam・nay」からの転訛で、その意味は、＝「穀物の・沢」と解されます。

ここにいう「amam（穀物）」とは、アイヌの人たちが主食用として栽培した「ヒエ」のことであり、「aynu・amam」とも呼ばれました。
　ちなみに、「amam・nay」は、「amam・ta・nay」＝「穀物（ヒエ）・作る・沢」とか「amam・us・nay」＝「穀物（ヒエ）・群生する・沢」の中略の形としての「amam・nay」の事例としても多くあるわけであります。

上堂（かみどう）[岩手県]
　盛岡市を貫流する北上川の北大橋の右岸に、一丁目から四丁目に分かれて「上堂」の地名があります。
　この「上堂」の地名は安倍館遺跡の「川上にある観音堂」のことを指す意味としての和語地名であるという解釈もあるように言われておりますが、そうではなく、別の意味のアイヌ語系地名であろうという見方もあるようであり、筆者としては、初めどちらとも断じ難いと思うところがあり、人前で触れることをためらっていました。ところが、上堂周辺の歴史に興味を持って散策したり、教職時代の同職であった遠藤公男氏著盛岡藩御狩日誌を読んだりしているうちに有益なヒントを得て、この地名は次のようなアイヌ語系の地名であるとする見方を強くしたわけであります。
　「かみどう」は、アイヌ語の「kamuy・to」からの転訛で、その意味は、＝「ツルの・沼」と解されます。
　その昔、北上川の流域の「上堂」の辺りは、処々に北上川の乱流によってできた川跡の沼やアシ原の湿地が連なっていて、そこがツルやハクチョウなど水鳥の飛来地となっていたようであり、この地に住んでいたエミシの人たちは、その沼

やアシ原の湿地に飛来して遊ぶ「ツル」のことを、現代アイヌ語でもそう呼ぶように「sar・oro・un・kamuy（湿原・の中・にいる・神）」と称しました。その「ツル（神）が舞い降りて遊ぶ沼」ということで名づけられたのが、この「sar・oro・un・kamuy・to」であり、その語頭が省略された形としての称が、つまり、「kamuy・to（ツルの・沼）」であったと考えられるわけであります。

岩手山（いわてさん）[岩手県]

「岩手山」の現在の山名は言うまでもなく「岩手山」でありますが、別に「岩堤山」、「岩鷲山」、「南部富士」、「南部片富士」、「霧山岳」、「薬師岳」などとも呼ばれました。そして、その昔のエミシの人たちからは別に、「siwa（しわ）」とも呼ばれたと推定されます。

これらの山名のうちで、本称となっている「岩手山」の「いわて」の称は、アイヌ語の「i・iwak・te・i」が音韻変化した形の「iwattei」からの転訛で、その意味は、＝「聖なるそれ（神）を・それ（神）のクニに送り帰し・やる・所（山）」と解されます。

アイヌ語族にとって、およそ「高い山」はそれ自体が「神」であると同時に、その山の上には神々の住む「kotan（クニ）」があるとする信仰上の認識を持っていたと考えられます。そして、この世に生を享ける生きとし生けるものすべてが、その「神々のクニ」から人の本性である「霊魂」を身に宿してこの世に降り立ってきている存在であるとし、人が死ぬということは、その抜け殻である肉体をこの世に残して、その本性である「霊魂」だけが肉体から離れて「神々のクニ」であ

る「聖なる山」に帰って行くものと信じていました。
　つまり、「人の葬式」も「クマの野辺送り（iyomante）」もそれぞれの抜け殻である肉体をこの世に残して、その本性である「霊魂」だけが彼らの根源のクニである「聖なる山」に帰って行くのを、この世にある人々がサポートして聖なるその「神のクニ」に送り帰してやる神聖なセレモニーであり、その「聖なる山」の代表的な山と申しますのが、岩手県の「岩手山」であり、青森県の「岩木山」であり、駿河、甲斐に跨る「富士山」などであるというわけであります。

姫神山（ひめかみさん）[岩手県]
　「姫神山」は岩手山の真東、北上川を挟んだ20kmの所にある霊山であります。
　「姫神山」の地名由来は、西方の岩手山が雄大で男性的な霊山であるのに対してその東方の「姫神山」は控えめの女性的な麗峰の霊山であるということで、その名が「姫神山」と呼ばれるとのことでありますが、別にまた、岩手山神社の縁起書には、坂上田村麻呂がこの山の山上に彼の護り神である「神女」を祀った山であり、それ故に、その名が「姫神山」と呼ばれるとも伝えられております。
　しかし、「姫神山」は岩手山と共に由緒ある聖山であるには違いないのですが、筆者の思うところでは、「姫神山」の「ひめかみ」はそのような和語系ではなくアイヌ語系の山名であるということで、次のように解釈するのがよろしいと考えております。
　「ひめかみ」の語源は、アイヌ語の「he・en・muy・kamuy」で、その意味は、＝「頭が・尖っている・山頂の・神」

と解されます。

アイヌ語では「山」は「nupuri」ですが、これを分解すると、=「nupur（霊験あらたかなる）・i（者）」で、その原意は、=「kamuy（神）」なのです。したがって、「頭が・尖っている・山頂の・神」の称の「神」と申しますのは、和語で言えば、つまり、=「聖山」なのであります。

要するに、アイヌ語族にとって「山」はそのまま有難い「神」なのであります。

紫波（しわ）[岩手県]

「しわ」の初見は、続日本紀宝亀7年（776年）5月2日の条にある「子波」でありますが、郡名としての初見は、日本後紀弘仁2年（811年）正月11日の条に「しわ郡」の建郡にかかわる記録があり、その時の表記は「斯波郡」とあり、その領域の広がりは岩手山を中心に南は現在の紫波郡の紫波町を南限とし、北は現在の盛岡市を通り越し、その北に位置する岩手郡の岩手町の全域を北限とする広域の郡でありました。

この「しわ郡」の「しわ」はアイヌ語系地名とみられ、次のように解されます。

「しわ」は、アイヌ語の「si・iwa」で、その読みが音韻変化をして「siwa」と発音され、その意味は、=「偉大なる・聖山」と解されます。

この山名はアイヌ語の「mo・iwa（小さな・聖山）」の称に対していう「si・iwa（偉大なる・聖山）」ということであります。ちなみに、ここにいう「si・iwa」の「iwa」が現代アイヌ語では「山」の意味として解されていますが、古代エ

ミシの人たちの時代には、より感謝と畏敬の情意のこもった意味としての、いわゆる「聖山」であり、「霊山」というわけであります。

この解釈にかかわって、知里真志保先生は「iwa、この語は kamuy・iwak・i（神・住む・所）の省略形だろう」とコメントしておられます。

このように「iwa」の根源のルーツは「kamuy・iwak・i」だとすると、それは「i・iwak・i」と書き換えることができ、さらにそれが会話の上では音韻変化を伴って「iwaki」と発音され、その意味は、＝「聖なるそれ（神）・住み賜う・所（山）」と解されるわけであります。

この地方で「神・住み賜う・所（山）」と申しますと、それは「岩手山」であることがわかります。

こうして、「岩手山」は「kamuy・iwak・i（神・住み賜う・所）」でありますが、別に「kamuy・iwak・te・i」＝「聖なるそれ（神）を・それ（神）のクニに送り帰し・やる・所」でもあり、ここに言う「si・iwa（偉大なる・聖山）」という意味としての解釈もあるわけであり、エミシの人たちが崇敬してやまない「偉大であり、かつ霊験あらたかなる・聖山」でもあったということのようであります。

碇（いかり）［岩手県］

岩手方言で「いかり」とは、「川の神が怒って洪水を起こさせる所」のことをいうと説明する言い伝えがあるようであり、一応納得がいきます。

ここで取り上げる盛岡市の「碇」の地名について考えてみますと、次のようなアイヌ語系地名としての解釈があると思

います。

　「碇（いかり）」の語源は、アイヌ語の「i・e・ika・re・i」の語頭が省略された形としての「ika・re・i」で、これが通常の会話のうえで韻変化を伴って「ikari」と発音され、その意味は、＝「聖なるそれ（川の女神）が・そこで・氾濫・させる・所」と解されます。

　この「碇」は、盛岡市上太田の雫石川河畔にある地名で、古来たびたび氾濫を起こした歴史があり、その名の「碇」は、その昔、エミシの人たちによって名づけられたいわゆるアイヌ語系地名であります。

　そこで思いだされるのは、雫石川の氾濫と志和城解体との関連性についてのことであります。

　志和城は坂上田村麻呂によって延暦22年（803年）に盛岡市中太田の地に造営された古代の本格的な城柵でありましたが、その位置が北に寄り過ぎたために、平時においても常にエミシの襲撃の危険にさらされているということに加えて、建設早々から雫石川の氾濫による水害に度々見舞われたもののようであり、その防衛と維持管理が困難であるという理由から、時の陸奥出羽按察使文室綿麻呂によって、弘仁3年（812年）に廃城にして解体され、弘仁5年（814年）ごろに6kmほど南に後退した矢巾町徳田の地に移築されて、徳丹城として生まれ変わったものと伝えられております。

　志和城を廃城にした理由の一つが、繰り返して見舞われた川の氾濫による水害だったようでありますが、その時代の和人とエミシの別なく、古代の人たちの考え方では、「川の氾濫によってもたらされる洪水というものは、川の女神が人々の日頃の行いの何かが悪いということを怒って、その罰とし

て、川を氾濫させて人々を懲らしめること」であると信じていたもののようであります。そのことを物語るのが、つまり、「碇」のアイヌ語地名の「i・e・ika・re・i」で、=「聖なるそれ（川の女神）が・そこで・（川を）氾濫・させる・所」という意味としての地名でありました。これも自然と共生する彼らの善い意味でのアニミズム的信仰の現われであると思います。

気仙郡（けせんぐん）[岩手県]

「気仙地方」に、いわゆる征夷軍（和風蔑称）が侵攻してきて、この地のエミシ勢力が最終的に征服されたのは、おそらく、大同2年（807年）であり、そこに「気仙郡」が建郡されたのはその翌年の大同3年だったと推定されます。

ということであり、「気仙郡」の建郡は県央部の和我（和賀）・稗縫（稗貫）・斯波（紫波）の諸郡よりも2〜3年は早かったということになるわけであります。どうして県央部よりも早く征服されて先に建郡されたのかと申しますと、「気仙地方」のエミシと多賀城の足元である桃生地方のエミシとは同じ海道夷と呼ばれる間柄の仲間意識のある集団に属する人たちであったということに加えて、「気仙地方」が陸奥の産金地のうちでも特に有望な産金地として注目されていたこと等によるものであろうと考えられます。

古代の「気仙」は「介世（けせ）」、「計世（けせ）」、「気瀬（けせ）」、「気遷（けせん）」、または「計仙（けせん）」などとも表記されました。

ここにいう「けせん」の語源は、アイヌ語の「kese（それのしものはずれ）・un（にある）」という意味であります。

ここで「それのしものはずれ・にある」と申しますのは、二つに考えられ、その一つは、＝「海道夷勢力圏・のしものはずれ」ということであり、そのもう一つは、＝「王化領域・のしものはずれ」であります。しかし、実際にこれら二つのうちのどちらが本命かとなりますとその判断に困りますが、強いてそのどちらかと申しますと「海道夷勢力圏・のしものはずれ」ということだったのではないでしょうか。

流霞道（りゅうかどう）と車之走峠（くるまのはしりとうげ）[岩手県]

「流霞道」は岩手県矢巾町徳田の徳丹城から盛岡市夕顔瀬町を経て滝沢市滝沢分れ、八幡平市安代町平舘を通り、同市安代町寺田から七時雨山（1,060m）の肩部である標高710mの高所にある「車之走峠」を越えて荒屋に至り、そこから梨木峠を越えて田山を経て秋田県鹿角市に入り、湯瀬温泉を通って同市の中心地である花輪に達する平安期の頃の古道であり、元慶2年に起こった元慶の乱の折に小野春風たちが通った街道として知られており、後に「鹿角街道」と呼ばれて整備されたものと考えられます。

この街道がその昔「流霞道」と呼ばれたのは、七時雨山の肩部の標高710mの高所にある「車之走峠」と呼ばれる峠道を通るということで名づけられたものであり、その訳はその名が次のようなアイヌ語地名からの転訛地名であることによるものであります。

①流霞道「りゅうかどう」は、アイヌ語の「ri・hur・ka・ru」からの転訛で、その意味は、＝「高い・丘・の上の・道」と解されます。

②車之走峠「車之走峠」の「くるまのはしり」は、アイヌ語

の「ku・raruma・nup・pa・sir」からの転訛で、その意味は、＝「仕掛け弓を・多く仕掛けてある・野原・の上手の・山」と解され、これが、そこにある「七時雨山」を指す称であるということがわかります。

　したがって、「車之走峠」とは、これにアイヌ語の「峠」を意味する「ru・chis」を後付けした形の「ku・raruma・nup・pa・sir・ru・chis」で、＝「仕掛け弓を・多く仕掛けてある・野原・の上手の・山の・峠」だったということがわかり、その「高い丘の上にある峠を越えて夷地と言われた奥地に向かう街道」が、つまり、この「七時雨山の高所」を越える道である「流霞道」であり、その後の時代に称されるようになる「鹿角街道」であるというわけであります。

元慶2年（878年）に出羽国に元慶の乱が起こりましたが、その時陸奥の国の鎮守将軍に任命された小野春風が、乱の収拾のために陸奥路（奥州街道）からこの「流霞道」に入り、「車之走峠」を越えて蜂起した米代川流域のエミシの村々の背後にある上津野（鹿角）に向かったということが三代実録等に記録されております。

　こんな険しい尾根越えの獣道同然の峠道がどうして「車之走峠」なのかということで、よく話題に上る地名でありますが、この地名も、実は和語地名ではなく、上記の通りの意味を持つアイヌ語系古地名であったというわけであります。

佐比内（さひない）[岩手県]
　紫波町の「佐比内」に、通称は「佐比内川」なのですが、別称で「水無川」とも呼ばれる全長4kmほどの小さな川が

あります。この川の名がなぜ「佐比内川」であり、「水無川」なのかと申しますと、それはこの川のほとりに屋号「水無」と呼ばれる藤井家がありますが、普段はその藤井家のやや川上の辺りで、川の流れが川底に浸透してしまって川底が乾いていることの多い川であるからであります。

　どうしてそのような水無現象が起こるのかと申しますと、すぐそばに石灰岩の採掘場があることからでもわかるのですが、この辺りの地下一帯が石灰岩層からなっていて、おそらく、地下に石灰岩層のカルストの洞穴網が迷路のように走っていて、その中に川の水が流れ込んでいるせいであろうと考えられるのです。

　ということであり、ここにいう「佐比内」の地名は次のように考えられます。

　「さひない」は、アイヌ語の「sat・pi・nay」→「sappnay」からの転訛で、その意味は、＝「乾く（涸れる）・石ころの・川」と解されます。

　「佐比内」と呼ばれる川が岩手県内では、ほかに八幡平市と遠野市にあり、秋田県には大館市に同類の川と思われる「サッピ川」がありますが、それらの何れの川も増水季に入ると水の流れが見えているのですが、渇水季になると水涸れして乾いた石ころの川底が丸見えになる川であります。

平泉（ひらいずみ）［岩手県］

　「平泉」は11世紀から12世紀末にかけて奥州藤原氏が栄華を誇った遺跡として世に知られており、その名の「平泉」の語源が何かと気にかかります。

　「平泉」の地名由来については、一関市本寺に、かつて名

水の湧く泉があり、そこが「平泉野」と呼ばれたとのことであり、その「平泉野」の地名から転移したのが現在に残る「平泉」の地名であるとか、あるいは、藤原氏第３代目の秀衡公の時に、彼ら一族の館であった柳之御所の南の平地に「酒の泉」が湧き出たことがあったということで、それ以来この地が「平泉」と呼ばれるようになった、などというのが地元の郷土史家たちの説のようでありますがどうでしょうか。

しかし、藤原氏初代の清衡公自身が自分のことを俘囚の上頭と名乗り、その一族の祖である安倍氏が東夷の酋長の家柄を自認したこと、それに、彼らが栄華を誇ったテリトリーの跡にアイヌ語系と思われる古地名が多く残っており、その中でも、地内にその典形と見られる「平泉」の地名が現存する等の事情から推して、安倍・藤原両氏がエミシ族系の出であり、「平泉」の地名も彼らのそう遠くない先祖が名付けたアイヌ語系地名である公算が大であると見ることができ、次のように考えられます。

「ひらいずみ」の語源は、アイヌ語の「pira・enrum」で、その意味は、＝「崖の・岬頭」と解されます。

ここで「崖の・岬頭」と申しますと、それはそこにその地形がピタリと合致する「達谷窟」があるからであります。

「pira・enrum」の「enrum」は、＝「en（とがった）・rum（頭）」で、一般には海や湖に突き出ている「岬」のことを言いますが、「達谷窟」のように内陸で、平地に突き出ている「懸崖の岬状尾根頭」のことも、同様に「en・rum」と称するわけであります。

アイヌ語の「enrum」が和語の「泉」に転訛したとなりますと、素直には信じがたいところもあるかと思いますが、そ

の転訛事例としては、北海道に「幌泉郡幌泉町」があり、永田方正先生などが、その「幌泉」の語源はアイヌ語の「poro・enrum」で「大崎」を意味すると解説しておられますし、そのほかにも青森県の十三湖岸の中泊に「今泉」の地名があり、その語源もアイヌ語の「i・mak・enrum」であると考えられ、その意味が、「聖なるそれ（十三湖）の・奥の・岬頭」と解することができて、そこにはやはりその名に見合った「岬状尾根頭」の地形が現存するということなどから推して、和語の「泉」がアイヌ語の「enrum」からの転訛であるとするケースが多く存在するのであります。

魚集（よまつべ）[岩手県]

　一関市大東町のJR摺沢駅近くの砂鉄川に架かる開雲橋の所に「魚集」と書いて「よまつべ」と読む地名があります。

　平成16年暮れ、この「魚集」の地名にロマンを感じた地元の有志たちが、この地名を後世に残そうということで、その名を刻んだ碑を建立したということが新聞に載りました。

　この記事を読んだ筆者が早速その地名個所に行って見聞したところ、そこがサケ・マスやアユなどが喜んで寄り集まりそうな「木陰の淵」になっており、その地名は、アイヌ語の「i・o・mak・pet」が音韻変化した形の「iyomappet（イヨマッペッ）」からの転訛であり、その意味は、＝「聖なるそれが・多く集まる・奥の・川」という地名であることがすぐわかりました。この場合の「i（聖なるそれ）」は、アイヌ語族にとって、「kamuy・chep（神の・魚）」と呼ばれる「サケ」のことであり、これを和語に書き換えて考えますと、このように「サケが・多く集まる・奥の・川」になるというわけであり

ます。

島越（しまのこし）[岩手県]

「島越」は、陸中海岸国立公園の景勝地として知られる北山崎を擁する田野畑村の字名で、村内には、明治の初めごろまで幾組かのアイヌの家族が住んでいた所があったという言い伝えなどもあり、それだけにその話を裏付けるかのように、アイヌ語系地名であると思われる仮名書きのオマルペ、ハイペ、コイコロペ、ヒルペ、ソマナイ、イサマナイ、ヒラナメ、ヤハナイパをはじめ、漢字書きの平井賀、羅賀、矢越崎、松前、机、年呂部、目名、巣合、久春内、「島越」など、実に多くの興味あるアイヌ語系と思われる古地名が残っております。ここでそのすべてについて触れることは紙面の都合上割愛するとして、その中から、かつてこの村の表玄関的集落だった「島越」の地名を始めいくつかの事例をピックアップして紹介したいと思います。

「しまのこし」の語源は、アイヌ語の「suma・kos・i」→「sumakosi」で、その意味は、＝「岩場を・通り行く・所」と解されます。

この地名の解釈について、地元の古老に尋ねてみたところ、その答えは、「現在の島越はこのように整備されているが、私たちが子供のころの島越は、まさにその通りの岩場を通り行く所そのものでした」とのことでありました。

オマルペ [岩手県]

「オマルペ」の地名は、田野畑村の国道45号線から松前沢川沿いの村道を猿山に向かう所と、沼袋の田代地内との二か

所にあります。

「オマルペ」の語源は、アイヌ語の「oman・ru・un・pe」でありますが、この語は音韻変化を伴ってその発音が「omanrummpe」となり、その意味は、＝「奥に入って行く・道が・ある・所」と解されます。これらのどちらの「オマルペ」も、まさに「奥に入って行く・道が・ある・所」にピタリの地形地名であります。

ハイペ［岩手県］

平井賀からシーサイドラインを南の島越に向かって進み、トンネルを一つ潜り抜けた所にある砂浜が「ハイペ」で、次のように考えられます。

「ハイペ」は、アイヌ語の「aipe（アワビ）」の訛で、その意味は、アイヌ語の「aipe・us・i（アワビが・群生する・所）」の後略の形としての「aipe（アワビ）」であると解されます。「はいぺ」は現在でも「アワビ」の豊漁な入江として知られております。

コイコロペ［岩手県］

「ハイペ」からさらに南にもう一つトンネルを潜り抜けて進むと、道の下に砂礫混じりの砂浜があり、その名が「コイコロペ」であります。

「コイコロペ」は、アイヌ語の「koy・kor・pe」からの転訛で、その意味は、＝「波を・支配する・もの」と解され、かつて、「コイコロペ」の浜の海に岩頭を突き出していた「波切り岩」に名付けられていた称であります。

現在その「波切り岩」は、平成11年の東日本大震災の時

の大津波の後の道路と港湾の復旧工事によって破壊されて地形が変えられてしまいましたが、その昔は、陸から海面に岩頭を突き出していて、波の荒い日に沖から寄せくる波を左右に切り裂いて厳然と座しているような姿として見える特別な存在の岩であり、その岩がある浜ということで名付けられていたのがこの地名であります。

ヒルペ［岩手県］

「ヒルペ」はかつて北山浜近くの海中にあって、海面下すれすれにまで頭を突き立てていた柱状の岩礁のことであり、船がその近くを航行するとき、その岩礁を中心に白波の渦流ができているのが見えるのですが、干潮時にうかつにその白い渦流を見落としてその上を通ると、しばしばその岩礁の頭に船底をぶっつけて船底に穴をあけるという海難事故を起こす魔の岩礁として恐れられていました。その「ヒルペ」とはどういう意味かと申しますと、次のように解されます。

「ヒルペ」の語源は、アイヌ語の「pir・o・p」→「pirop」からの転訛で、その意味は、＝「渦流・そこにある・もの」と解されます。

なお、そこにあったその柱状の魔の岩礁は、昭和のある時の大しけの激浪によってへし折られて海底に倒れてしまったということで、今は見えなくなったとのことであります。

ソマナイ［岩手県］

「ソマナイ」は田野畑村の和野からその下の海岸に下る小さな沢に残る古地名でありますが、次のように考えられます。「ソマナイ」は、アイヌ語の「san・mo・nay」が音韻変

化した形としての「sammonay」からの転訛で、その意味は、＝「浜に下る・小さな・沢」と解されます。

　初め、「そまない」はアイヌ語の「so・oma・nay」からの転訛で、「滝の・ある・川」の意味かと思いましたが、踏査の結果、そのような滝がどこにも見当たらないのと、当該場所の地形が海岸台地の上からその下の浜に降る沢道の所に当たるということで、上記のような解釈の方が、より正しいということがわかったわけであります。

イサマナイ［岩手県］

　「イサマナイ」は、菅ノ窪の台地からその下のハイペの浜に下る小さな沢に名付けられている地名であり、次のように考えられます。

　「イサマナイ」は、アイヌ語の「e・san・mo・nay」→「esammo・nay」からの転訛で、その意味は、＝「そこで・浜に下る・小さな・沢」と解されます。

　初め、この地名はその語源がアイヌ語の「esaman・nay」で、「カワウソの・川」のことかとも思いましたが、そこを流れる川は、「カワウソの生息する川」にしてはあまりにも小さすぎるということで、上記のような解釈が正しいと判断したわけであります。

久春内（くしゅんない）［岩手県］

　陸中海岸国立公園内の観光スポットの目玉として知られる北山崎のすぐ北側にある小さな集落が「久春内」であります。

　筆者が若かりし頃、「久春内」の集落を訪ねたとき、集落の古老の人が、「この間首都圏のどこぞから北山崎の観光に

来たという老人が、あなたと同じにここがアイヌ語系地名の久春内ではないかと思って調べに寄ってみたというので、その通りだと答えたところ、大層喜んで帰られました」とのことでありました。そして、「ここが久春内と呼ばれるようになったのは、私たちが樺太の久春内から引き揚げてこの地に入植した時、共に喜び、共に苦労した樺太の久春内を忘れることなく、ここでまた共に手を携えて苦楽を共にして生きていこうということで、行政にお願いしてこの地にこの久春内の地名を名付けてもらったのです」と説明してくれるのでした。

　という次第であり、ここにある「久春内」は、樺太からの引っ越し地名であり、その語源は、アイヌ語の「kusyu・un・nay」であって、その意味は、＝「川向こう・にある・沢」と解されるとのことでありました。

ヒラナメ「岩手県」

　田野畑村羅賀の海岸に化石包含地層の岩崖として知られる崖地があり、その辺りの地名が「ヒラナメ」と呼ばれておりますが、次のように考えられます。

　「ヒラナメ」の語源は、アイヌ語の「pira・nam・mem」で、これが連声して「piranamem」と発音されるものであり、その意味は、＝「崖地の・冷たい・泉」と解されます。

　この地名のあるポイントは、ホテル羅賀荘の向かいに見える「ヒラナメの岩崖」を削って北進するシーサイドラインの側壁の下に、かつてその冷たい泉の湧く古井戸がある所を筆者自身がこの目で見て知っていました。そして、そこは、その昔、水道施設のなかったころに、浜辺で働く漁師たちの喉

を潤す貴重な飲料水の湧く泉として大事にされていた所でしたが、そこは、残念ながら、平成11年の東日本大震災の時の大津波によって破壊されたうえに、震災後の港湾と道路の復旧工事によってその跡が完全に埋没されて見えなくなってしまっているのを、先般この目で確認しております。いささか残念に思うところであります。

羅賀（らが）[岩手県]

「羅賀」もアイヌ語系地名で、大正期以前の生まれの古老たちの発音では、「らんが」と鼻にかけて話すように聞こえましたが、元の読みは「らんか」だったようであります。「らが・らんか」の語源は、アイヌ語の「ran・ka」で、その意味は、=「坂・の上」と解されます。

この地方の人たちは漁師としての職掌柄、海辺の平地に住みたくても、数十年に一度やってくる大津波が危険なので、少々不便でも津波の届かない入江の奥の坂の上などに家を建てて住んでいるのが目立ち、それゆえに名付けられたのが「ran・ka（坂・の上）」の地名であります。

平井賀（ひらいが）[岩手県]

「平井賀」は、羅賀からシーサイドラインを北に進み、トンネルを一つ潜った所にあり、次のように解されます。

「ひらいが」の語源は、アイヌ語の「pira・ika・i」の後略の「piraika」からの転訛で、その意味は、=「崖を・越え行く・所」と解されます。

地形がリアス式海岸の険しい自然のなかにあり、しかも、数十年置きに大津波が襲来すると言われる所でもありますの

で、インフラが整備されていなかった昔の時代の地形の所では、必然的にこのような「pira・ika・i（崖を・越え行く・所）」とか、上記のような「ran・ka（坂・の上）」などのような地形地名の所が多かったのであります。

矢越崎（やこしざき）「岩手県」

漁師の番屋が並ぶ浜で知られる机浜から沖に向かって舟出をするとき、右側に見える岬が弁天崎で、左側に見える岬が「矢越崎」であります。ここに言う「矢越崎」の「やこし」の語源は、アイヌ語の「ya・kos・i」で、その意味は、=「陸（おか）を・通り行く・所」と解されます。

どうしてそのように呼ぶのかと申しますと、険しい地形の岬の漁場や集落などに行く場合、海岸伝いに歩いて行ける砂浜などが開けてある場合はよろしいのですが、そこにそのような浜道のいない場合には、岬の尾根の上の道なき道を難儀して歩いて行かなければなりません。そのような険路の地形の所によく名付けられているのが、「矢越」の地名であり、「矢越崎」であります。

この地名は、「釜谷」、「磯谷」などと共に、津軽海峡の南と北の両岸に、互いに向かい合うようにして存在していることで知られるアイヌ語系地名であります。

年呂部（としろべ）［岩手県］

田野畑村の浜岩泉に「年呂部」の地名があり、次のように考えられます。

「としろべ」は、アイヌ語の「tusir・un・pe」が音韻変化した形としての「tusirumpe」からの転訛で、その意味は、=「墓

場・ある・所」、つまり「墓地」と解されます。

エミシの人たちの時代にこの地に彼らの墓場があったということは十分に納得できることであります。

ヨコイショ島（よこいしょじま）[岩手県]

かつて、羅賀港の湾口防波堤の先端近くの沖合に岩礁群が海面上に頭を出して見えていました。その岩礁群の左端に見えていたのが「伝馬島」と言い、その右手に連なってやや大きく見えていた岩礁の頭が「ヨコイショ島」と呼ばれていました。

ここに言う「ヨコイショ島」の「ヨコイショ」は、アイヌ語の「yoko・isyo」の転訛で、その意味は、＝「ヤス（またはモリ）を構えて獲物の近づくのを待ち伏せしていて狙い獲りする・波被り岩」と解されます。

その昔、エミシの人たちがこの岩礁群の島に渡って、近づく魚を待ち伏せしていて、ヤスや銛で突き刺して獲ったということのようであり、それゆえに名づけられたのがこの小島のこのような地名であるというわけであります。

達甲岩（たっこういわ）[岩手県]

岩泉町小本の小本川の河口の海上に「竜甲岩」と呼ばれる岩島があります。

「竜甲岩」の「たっこう」の語源は、アイヌ語の「tapkop」が音韻変化した形の「takkop」から転化した形としての「たっこう」で、その意味は、＝「円形弧山」と解されます。「円形弧山」とはヘルメットを伏せたような形の独立丘で、人によっては「たんこぶ山」などとも言います。

ここにいう小本川河口の海の岸辺にある「竜甲岩」は、いわば海上に浮かぶ「tapkop」なのでありますが、平成11年の東日本大震災後の漁港の復旧改良工事で、陸地との間が埋め立てられて陸続きのトンボロの地形に変えられました。
　「円形弧山」こと「tapkop」の典型の山として目立つのは、岩手県葛巻町の役場庁舎裏の字田子の「田子の森」、同大船渡市日頃市の「鷹生（たごう）森」、秋田県三種町達子の「達子森」、同大館市比内の「達子森」などがありますが、かつてはアイヌ語族の人たちがいなかったようにいわれていたずっと南の東京都八王子市の「高尾山」なども、その典型の山とは言いかねるとしても、この「takkop」からの転訛地名であろうと考えられます。

志塚里（しつかり）[岩手県]

　岩泉町の小本海岸に通称須賀と呼ばれている長さ600mほどの砂浜があり、その砂浜の北の端の海辺にあるのが前述の「竜甲岩」であり、その砂浜の南の先にある岬が熊之鼻と呼ばれる岩層の懸崖の岬頭であります。その昔、この岬頭の下にあった浜道がその手前で行き止まりになっていて、人々がその辺りのことを「志塚里」と呼び「日塚里」とも称しました。そして、その岬頭の手前の小高い所に「志塚里明神」が祀られてありました。
　地元の古老の言によれば、この地名は、元々は「志塚里」であったのが、昭和8年3月の三陸大津波でそこに祀られていた「志塚里明神」の祠が流された後に建て替えられた小さな祠には「日塚里明神」と書かれ、それ以来「志塚里」が「日塚里」とも称されるようになって今日に至っているとのこと

でありました。地元の方言では「シ（si）」と「ヒ（hi）」の発音が、東北人の、いわゆる「ズーズー弁」の発音癖で、そのどちらとも区別がつかなくなってこのような地名の読みの混迷が生じたもののようであります。かつての金田一京助先生の御著「アイヌ語研究」には、そこに「シツカリ明神」が祀られているとし、その「シツカリ」は「シッツカリ」の促音が落ちた形であろうと説明されており、「日塚里」の称のことについては書かれてありません。

　筆者がその辺りの地名の現地踏査に最初に出かけて行ったのは、昭和52年の夏のことでした。それまでは白砂青松の美しい海浜の一風景として、国道からなんとなく眺めて通り過ぎていた所だったのでしたが、そこの「志塚里」の岬頭の崖下に近づいて見て驚いたのは、その地形が北海道の長万部の「静狩」とも、青森県東通村の「尻労」とも、その地形が、まさにそっくりであるということでありました。

　という次第であり、「しつかり」の語源は、アイヌ語の「sir・tukari」が音韻変化した形としての「sittukari」であり、その意味は、＝「海際に迫る嶮しいの断崖・の手前」ということになります。

普代（ふだい）［岩手県］

　「普代村」の「ふだい」の語源は、アイヌ語の「hup・tay」→「hutty」で、その意味は、＝「マツ・林」であり、「松原」とも解されます。

　かつての「普代村」は、海上を通る船の上から見たとき、または、浜道を通って村に入るときなどに人の眼に付くのは、海岸に見える白砂青松の美しい松原のある風景でありま

した。それゆえに名づけられたのが、この「huttay」の地名であり、その「huttay」から転訛したのが、今日の称の「普代」であるというわけであります。

馬淵川（まべちがわ）[岩手県・青森県]

「馬淵川」は「まぶちがわ」とも読み、「馬が水浴びする淵のある川」を意味すると説明されている解釈事例もあるようでありますがいかがでしょうか。なるほど、そういえばこの「馬淵川」は、その昔、青森県の下北半島の突端から岩手県北の九戸郡辺りまで続く大郡で、馬産地として世に知られる糠部郡の南半分を貫流している川であり、岩手県の葛巻町の奥の袖山高原を水源に、青森県の八戸湾の海に流下する総延長 85km に及ぶ清流でありますから、かつては、この川の流域の至る所に牧野が広がっていたはずであり、誰の目にもその川の淵で馬が牧夫に体を洗ってもらっているようなのどかな風景が見られるということで、その名がこのように「馬淵川」と呼ばれるようになったということのようでありますがどうでしょうか。

しかし、この「馬淵」も、そのような由来を思わせるような和語の地形地名ではなく、次のようなアイヌ語系地名であろうと考えられます。

「まべち」は、アイヌ語の「mak・un・pet」の中略の「mak・pet」が音韻変化をした形としての「mappet」からの転訛で、その意味は、＝「後ろ・に入って行く・川」と解されます。

これを山田秀三先生は、石狩川水系の「mak・un・pet」のところで、その意味を、この辺りで「mak・un・pet」というのは「山側・にある（に入る）・川」と解される「分流の川」

のことをいうと説明されておられます。

　筆者が、ここに言う「馬淵川」の地名の意味が「後ろ・に入って行く・川」のことであると申しますのは、この川を川下の方から遡って行き、一戸町から葛巻町に入って6kmほど進んだ所にある岩上橋の下で川がΩ字型に大きく曲流している所があり、そこの所の字名が、当の「馬淵川」の川名と同じ「馬淵」と名付けられており、そこからさらに上流に30kmほど遡った所で、今度はΩ字型ではなく、釣針状に大きく曲流している所があり、そこの所の字名もまた同じ「馬淵」と呼ばれております。これらの事実から山田先生が「makumpet」のことを「山側に・にある（に入る）・川」と解されると申しておられるのは、川がこのように川筋が大きく曲って曲流している所のことをそのように称したのであって、単に分流している所とか、分流個所のある川だけに限って「makumpet」というとおっしゃっておられるわけではないと思うのであります。

　ということであり、筆者がここで申したいのは、「makumpet」とは、単に「分流のある川」にとどまらず、川が曲がって流れている「曲流のある川」のことを称する川名であるというように認識するのが正しいということであります。

　ちまたに「makumpet」とは、「本流から分流する川」のことをいう、などと定義づけて、いわゆる「makumpet分流説」を唱えておられる向きもあるようでありますが、当の「馬淵川」については、そのような説が当てはまらないのであります。この川にはそのような分流の個所などは河口から源流までの間の何処にも見当たりませんし、かつてそのよう

な分流の個所があったということも考えられません。にも拘らず「makunpet」とは「本流から分流する川」のことを称するかのような説がまかり通っているとなると、あえて口を開いてものを申したくなるのは、「makumpet 分流説」の否定であり、これを「makumpet 曲流説」と言い直すべきであると申したくなるのであります。

筆者が思うところでは、川はその本流、分流、支流の別なく、大きく曲流している川そのものの総体か、または、川の曲流しているその部位の所に名づけられているのが「mak・un・pet」であると申したいのであります。つまり、分流の形をして流れている川そのものや、その川の分流の部分の所だけに名づけられているのが「mak・un・pet」の称であるということにはならないと思うということであります。

なお、筆者がフィールドワークによって確認した「makumpet」が語源であると思われる川の事例としては、上記の「馬淵川」のほかに、青森県の米代川の下流域の「真壁地」、今別町の「今別川」、青森市の「孫内川」、岩手県江刺市の伊手川水域の「幕内（まくない）」などがあります。そして、その何れの川にも目立った「曲流部分」があるのでありますが、「分流部分」などはどの川にも見当たらないのであります。

ちなみに、「mak・un・pet 分流説」がでてきた背景には、山田秀三先生の御著「アイヌ語地名の研究（４）」に、「この辺り（石狩川周辺）でmak・un・petというのは、本流から離れて山側に回り込んでいる分流のことである」と述べておられるところがありますが、その冒頭に「この辺りで…」と前置きしておっしゃっておられるのを見落としてのこのよ

うな解釈であろうと思うのであります。先生は、「分流のある川」、ないしは「川の分流の部分の所」にだけ名づけられているのが「mak・un・pet」であるなどとは何処にも書いておられないのであります。つまり、先生は、分流以外の本流や支流の川に「maknpet」と名付けて然るべき曲流地形の川はあり得ないとおっしゃっておられるわけではありません。本流の川にも支流の川にも、もちろん、分流の川にも「makumpet」と呼んで然るべき曲流部分のある川が存在しますし、現にそのように呼ばれている川が多くあるわけであります。

　このことは、丹念にフィールドワークを行ってみれば容易にわかることであります。

越喜来（おきらい）[岩手県]

　一般に、大船渡市の三陸町越喜来の地名の「越喜来」は次のようなアイヌ語地名からの転訛地名であると言われているようであります。

　「おきらい」の地名は、アイヌ語の「o・chiray・ot・nay」の後略の「o・chinay（オ・チナィ）」からの転訛地名であり、その意味は、＝「川尻に・イトウが・群来する・川」と解される。

　しかし、ここにいう「chiray（イトウ）」はサケ科の巨大魚で、成魚になると体長が２ｍほどにもなるといわれており、そして、その生息域は北海道やサハリンなどの寒冷地にかぎられているわけであります。かつて、その魚影が岩手県の宮古湾に注ぐ閉伊川水系のどこかで見られたとのことでありますが、少なくとも、昭和になってから岩手県内でのその

ような事例の確認は皆無だったようであり、もしも、その「イトウ」が越喜来湾にまで南下してきたとしても、そのようなサケ科の巨大魚が繁殖のために遡上できるだけの水量と水深のある川が存在していません。越喜来湾の湾奥に「浦浜川(俗称越喜来川)」があるものの、ほとんど問題にならない急流の小さな川で、川口から70ｍほど上流の所までは浚渫して水深が１．２ｍほどにはなっていますが、それより上流は、水深が大人のほんの足首ぐらいしかない谷川であり、巨大な「イトウ」の成魚が遡上できるほどの水深も川幅もありませんし、川口付近に留まるにしても無理なことだと思います。

したがって、たとえ、その昔のエミシの人たちの時代であったとしても、「イトウ」が越喜来湾にまで回遊してきていたということも、繁殖のために「浦浜川」に遡上したということも、到底考えられません。かつてそこに、「o・chiray」というアイヌ語地名が存在したということは、ほとんどあり得ないことだと思います。

ということであり、筆者が考えているのは次のような解釈であります。

「おきらい」は、アイヌ語の「o・ki・us・nay」の中略の「o・ki・nay」からの転訛で、その意味は、＝「川尻に・アシが・群生する・川」と解されます。

ここにいう「川尻に・アシが・群生する・川」と申しますのは、越喜来湾に注ぐ「浦浜川」の川口付近の海岸に連なっていたアシ原の湿地のことを称したものとして解釈されます。

千歳（せんざい）[岩手県]

　大船渡市三陸町吉浜の吉浜湾の北側に東向きに突き出ている大きな岬が死骨崎で、その死骨崎の突端から湾内の中ほど近くまで入った所にある南東向きの集落が「千歳集落」で、そこに「千歳漁港」もあります。

　「せんざい」の地名は、アイヌ語の「sey・un・sani」→「seyunsani」から転訛であると思います。そしてその意味は、＝「二枚貝・そこにある・岬」と解されます。

　ここにいう「sey」は「二枚貝」のことであり、その種類は、おそらく、現在でもこの海域でよく育つ「ホタテガイ」や「イガイ」のことだったと推定されます。これらの貝は「千歳」のような外洋に面した波の荒い磯岩海岸でも意外に大きく育ちます。

　ただし、この場合の「un」は「そこにある」という意味の動詞で、現在は、単数のものが「そこにある」という場合に使われ、複数のものが「そこにある」という場合には、「un」ではなく、その複数形である「us」が使われます。

　したがって、現代アイヌ語で「二枚貝・そこにある・岬」という場合には、「sey・us・sani」の形として表現され、その発音は音韻変化を伴って、「seyussani」になるように思われるのですが、この昔のケースでは、その原形は「sey・un・sani」→「seyunsani」だったと考えられます。

綾里（りょうり）[岩手県]

　大船渡市三陸町の「綾里」の地名由来は、この地に綾錦を織る美しい娘がいたという故事にちなんで名づけられた「綾織姫の里」を意味する和語地名としての「綾里」であるとか、

アイヌ語の「riya・rur・sam（越年する・海・のほとり）」から転訛した「りょうり」で、その昔、五葉山のシカやサルが山の厳しい積雪と寒さを避けて綾里岬の海岸に降りてきてサルアワビや海草を食べるなどして越年する所だったということで、その昔、ここに住んでいたエミシの人たちがこの地を称して「riya・rur・sam」と呼び、それがいつの頃からかその後略の形である「riya・rur」になり、今日の「りょうり」の称に転訛したということも考えられるのでありますがどうでしょうか。

　また、この地の語源は同じアイヌ語の「riya・rur・sam」であるということはそのとおりでありますが、この地で越年したというのはシカやサルではなく、日本後紀弘仁元年（810年）10月27日の条にある渡島のエミシ200余人が気仙郡下に来着して一冬の越年を願い出て許されて翌年春まで逗留して帰ったという史実があるということで名づけられたのが、ここに言う「riya・rur・sam」の後略の「riya・rur（越年する・海の・ほとり）」の地名であるというもののようでありますが、その事実はどうでしょうか。

　筆者としては、早くから次のように考えておるわけであります。

　「りょうり」の語源は、アイヌ語の「iwori」で、その意味は、＝「聖なるそれの山海の恵み多い所」であろうと解しております。

　どうしてこのように解するのかと申しますと、「綾里」は、昔から豊漁の漁場を持ち、豊かな山林にも恵まれた裕福な村であると言われてきた所であり、それゆえに名づけられたのがここに言うこのアイヌ語の「iwori」だったというわけで

あります。

アイヌ語で「iwori」と申しますのは、人々に山の幸、海の幸、川の幸を恵み与えて下さる「豊穣、豊漁の場所」、つまり「聖なるそれの山海の恵み多い所」のことを称します。古代のエミシの人たちの時代で申しますと、それはクマやシカなどの獲物が群棲する「豊猟の狩場」であり、マグロやブリなどの通り道になっている「豊漁の魚場」であり、サケ・マスが群来する「豊漁の川」などであります。

福伏（ふっぷし）［岩手県］

岩手県陸前高田市と宮城県気仙沼市の境界の陸前高田市側の所にある字名が「福伏」であり、かつては「法武士」とも表記されました。

「ふっぷし」の語源はアイヌ語の「hup・us・i」で、そのスタンダードの意味は、=「トドマツ・群生する・所」と解されます。これが「ふっぷし」の基本的な解釈なはずなのですが、実際問題として、気候温暖な温帯の地である陸前高田の平地に、亜寒帯の樹木である「トドマツ」が、群生していたということが、かつてあったでありましょうか。残念ながら1,200年も前のエミシの時代を振り返ってみても、この地方は、現在と同様に「トドマツ」の植生帯外の地であったはずでありますから、その時代のこの地の平地に「トドマツ・群生する・所」と呼ばれるような所があったとは考えにくいのであります。

ということで、ここに言う「ふっぷし」の「ふっぷ」とは「トドマツ」ではない、ほかの何かだったということになります。

「トドマツ」ではないほかの何かだったとしたら、それは、おそらく「トドマツ」にそっくりに見える「モミの木」であろうと一応は思うことでありましょう。

ところが、実際に現地を踏査して土地の植生を観察してみても、この辺りに「モミの木」が群生する姿は殆んど見当たりません。

そこで、アイヌ語で「トドマツ」に準じて「hup」と呼ぶことのある植物がほかにあるかと考えてみますと、それはあるのです。「クロマツ・アカマツ・ハイマツ」、それに「ササダケ」などのほかに、「常緑樹一般」も「hup」と称されていることがあるのであります。

ということで、考え直してみますと、実際に「福伏」で特に目立って多く見られるのは「クロマツ」であります。

ということは、その昔、この地方の住人であったエミシの人たちが称した「hup」とは、その「クロマツ」であり、「hup・us・i」とは、＝「クロマツが・群生する・所」だったということがわかるのであります。

つまり、ここに言う「福伏」の地名の意味は、「クロマツ」を意味としての、＝「マツの木が・群生する・所」であったろうと解されます。

尾肝（おかん）［岩手県］

陸前高田市の米崎町と高田町との境の所に万人施宿塔と刻した大きな碑が建っており、その辺りの地名が「おかん」と呼ばれています。

筆者が若いころ、そこがどうして「おかん」なのかと父に尋ねてみたところ、「おかん」は「川尻の大事な所」という

意味であり、漢字で「尾肝」と書くとのことでありました。そして、そのすぐ側に突き出ている岬状尾根頭の台地の上に私たち菅原一族の祖伊勢の神官従五位下五十鈴太夫菅原清成の３男重成が、平泉の藤原秀衡公の招きによってやってきて、そこに突き出ている岬状の丘で通称新山と呼ばれ、「尾肝」とも呼ばれる所に神明社を建てて神主となり、島太夫を名乗ったと伝えられております。そして、そのすぐ下の高田松原の浜がまた、そのころの気仙川の川尻になっていて、そのやや上手の所の神明社の境内の真下の流れが、サケ・マスの大漁な簗場になって大いに栄えていたとのことであります。

　このような所に名付けられたのが、ここに言う「尾肝」であり、次のように考えられます。

　「おかん」の語源は、アイヌ語の「o・ka・un・i」の後略の「o・ka・un」→「okan」で、その意味は、＝「川尻・の上・にある・もの」であり、つまり、＝「気仙川の川尻・の上・にある・もの」ということであったということのようであります。

　エミシの人たちの時代、つまり、平安時代の、そこに神明社が建てられる直前のあたりにその丘の上に何があったのかと申しますと、当時の先住者であったエミシの人たちの「inaw・san（幣壇）」があったということのように考えられ、そのことゆえに名付けられていたのが、すなわち、「o・ka・un・i」だったと思うのであります。

理訓許段神（りくんこたんのかみ）[岩手県]
　陸前高田市と大船渡市との境に「氷上山（ひかみさん875m）」があり、その頂上付近に、「氷上三社」と呼ばれる

次の三柱の神社が祀られてあります。
*東の御殿鎮座の神—衣太手神（いたてのかみ・きぬたてのかみ）
*中の御殿鎮座の神—登奈孝志神（となこしのかみ）
*西の御殿鎮座の神—理訓許段神（りくんこたんのかみ）

　これら三社の神号はすべてがエミシのアイヌ語に漢字を当てたものと推定され、その語源に興味が持たれますが、ここでは先ずその一つである「理訓許段神」を採り挙げて解釈を試みたいと思います。
　この神社の神号は漢字で「理訓許段神」と書いて、一般に「りくこたのかみ」と読まれていますが、漢字を素直に音読すると、「りくんこたんの神」であり、元の語源は、アイヌ語の「rik・un・kotan・kamuy」だったということが、ほぼ確かであり、その意味は、＝「高所・にある・神々の村の・神」だったということがわかります。
　なお、他の二社もそれぞれ次のようなアイヌ語系の神号であることがわかります。

衣太手神（きぬたてのかみ・いたてのかみ）［岩手県］

　この神の名を「きぬたてのかみ」と読むとすると、次のように考えられます。
　「きぬたてのかみ」は、アイヌ語の「ki・nup・ta・an・te・kamuy」→「kinuttante・kamuy」からの転訛で、その意味は、＝「カヤ原・そこに・あらしめる・神」として解されます。
　おそらく、東の御殿に祀られるこの神の境内は、その周辺に広がる広いカヤ原の中にあるということで、このように名づけられて呼ばれたものであろうと思われます。

氷上山頂のカヤ原は、「お草刈り場」といわれて大事にされ、近郷近在の村人たちの馬の飼料として、そしてまた、掛け替えのない最良の屋根葺き材料として広く用いられ、古代のエミシの人たちばかりではなく、その後の和人たちにとっても特別に大事な生活必需品であり、建築材料でもあるカヤ原の高原でありました。

　以上は、「衣太手神」を「きぬたてのかみ」と読んでの解釈でありますが、その読みは、別に「いたてのかみ」とも読めるということで、その見方からも次のように考えられます。

　この神の名を「いたてのかみ」と読むとすると、その語源は、アイヌ語の「i・ta・an・tay・kamuy」からの転訛で、その意味は、＝「恐れ多いそれ・そこに・鎮座し賜う・森の・神」と解されます。

　ということは、この神は氷上山頂だけではなく、氷上山系全体の樹林を守り育てる有難い存在としての神としてのこのような神号であったということであります。

登奈孝志神（となこしのか）[岩手県]

　中の御殿に祀られる「となこしのかみ」は次のように考えられます。

　「となこしのかみ」は、アイヌ語の「tun・nay・kos・un・kamuy」からの転訛で、その意味は、＝「谷川・の向こう・に鎮座し賜う・神」と解されます。

　ということは、中の御殿の参道の手前に小さな谷川があり、その向こうに祀られる神ということで、このように名づけられた神号であろうと思われるのであります。

南昌山（なんしょうざん）[岩手県]

「南昌山」は、盛岡市の南西12kmの所、矢巾町と雫石町との境にある標高848mのトロイデ型の山でありますが、その山麓を北上川の支流の岩崎川が流れていて、その川筋に「幣懸（ぬさがけ）ノ滝」があり、滝のすぐ前に「南昌山神社」が祀られてあります。

ここで問題となるのが「南昌山」の山名であります。

「南昌山」の「なんしょう」とは、アイヌ語の「nam・syo」からの転訛で、その意味は、＝「冷たい・滝」と解されます。したがって、これにアイヌ語の「山」を称する「nupuri」が後付けされる形で、「南昌山」は、「nam・syo・nupuri」となり、その意味は、＝「冷たい・滝のある・山」と解され、この地の地形と地名が合致します。

岩洞湖（がんどうこ）[岩手県]

盛岡市藪川の外山早坂県立自然公園内に「岩洞」の地名があり、そこにあるのが人造のダム湖である「岩洞湖」であります。

「岩洞湖」の「がんどう」とは何かということについて、いくつかの仮説を立てて調査に入ろうとしましたが、どうしても和語地名としての解釈の仮説は見当たりませんでした。そこで、最終的に唯一これだろうと考えついたのは次のようなアイヌ語系地名としての解釈であります。

「がんどう」の語源は、アイヌ語の「nupuri・ka・un・to」の語頭が省略された形としの「ka・un・to」で、その意味は、＝「山・の上・にある・湖」と解されます。

その名が「山・の上・にある・湖」であると申しますと、

なるほど、現にある「岩洞湖」の湖面の高さは、北上山地の中の標高およそ700mの所にありますから、湖名と実態とが一致します。

しかし、この湖は昭和36年に完成した人造のダム湖であり、現在これがアイヌ語の「ka・un・to」であることには間違いがないのですが、それは偶然の一致というものであり、アイヌ語が話されていた時代にこの地に住んでいたエミシの人たちによって名づけられた「ka・un・to」であるとは言えないわけであります。

そうなると、かつてこの地にアイヌ語を話すエミシの人たちが住んでいたと思われる時代に、この周辺に「to」に当たる自然の「湖沼」が実在したかどうかということが問われます。それが実在したという事実がわかれば「nupuri・ka・un・to」の地名の存在が肯定的に裏付けられるわけであります。

ということであり、筆者はその「nupuri・ka・un・to」の存在の事実について確かめることとし、数年にわたって断続的に調査をした結果、次のような事実が明らかになりました。

① 岩洞湖造成によってその湖底に沈んだエリアは、丹藤川の水源地で、およそ低平な盆地状の湿地帯であり、処々に池沼が存在したということ。

② 岩洞湖の堰堤のすぐ下の所に字名の「大沼」と「沼脇」の地名が隣り合わせて残っており、現にそこがかつての池沼だったことを思わせる低平な窪地で、ミズバショウの群落が見られる湿地帯となって残っていること。

以上の①～②の裏付けによって、この地の地名が、アイ

ヌ語の「nupuri・ka・un・to」の語頭の省略形の「ka・un・to」からの転訛地名であるということが明らかであり、「nupuri・ka・un・to（山・の上・にある・沼）」の地形の存在が肯定されたというわけであります。

津軽石（つがるいし）[岩手県]

　宮古市の宮古湾の南西の一番奥の辺りのエリアが「津軽石」であり、そこに流れ出ている川がサケ川で有名な「津軽石川」であります。

　「津軽石」の語源については、いくつかの仮説が考えられ、現実問題としてそのなかから一つに絞って答を出すのが難しいところがあり、次のような複数の解釈が考えられます。

① 「つがるいし」の語源は、アイヌ語の「chep・kar・us・i」→「chekkarusi」で、その意味は、=「サケを・捕りつけている・所」になります。

② 「つがるいし」の語源は、アイヌ語の「chip・kar・us・i」→「chikkarusi」で、その意味は、=「舟を・造りつけている・所」になります。

③ 「つがるいし」の語源は、アイヌ語の「tukar・us・i」→「tukarusi」で、その意味は、=「アザラシが・群生する・所」になります。

④ 「つがるいし」の語源は、アイヌ語の「kamuy・pi・etu・tukari・us・i」の語頭の省略形が音韻変化した「tukariusi」で、その意味は、=「それの手前・にある・所」と解されます。この場合の「それの手前」とは、=「pi・etu・tukari（重茂半島・の手前）」ということであり、そこがつまり、「津軽石」であるということになります。

ということであり、今となってはこれらのなかのどれが正答だとはっきりとは言いかねますが、とにかくこれらのなかの一つか、または二つがダブって正答であるということになりましょう。筆者としては、①と②のどちらもが正答であろうと考えております。つまり、サケも獲れるし、舟も造られる所だったということのようであります。

釜石（かまいし）[岩手県]

「釜石」の地名由来については、これまでのところおよそ次の4説があるように言われており、筆者自身もそのように思ったりしたものの、最終的にそれらのうちのどれが本命であるとまでは絞り切れずにいたとろでありました。

①釜石の語源は、アイヌ語の「chep・kuma・us・i」の語頭の省略形としての「kuma・us・i」で、その意味は、＝「魚干し竿・多くある・所」と解される。この説によりますと、その昔、釜石を貫流する甲子川に遡上するサケがことのほか大漁であり、水揚げされたサケを干し鮭に加工するために「魚干し竿」に掛けて干している風景が随所に見られるということで、その昔のエミシの人たちによって名づけられたのがこの地名であるということであります。

②かつて、甲子川の川筋の洞泉に風呂釜に似た大石があったといわれ、その大石がある所ということで、周辺の人たちから「釜石」と呼ばれたとのことであり、その釜石の称がこの地の地名となって残ったのが今日の「釜石」の地名であるとのことであります。

③地内の甲子町から釜にする鉄鉱石（餅鉄）が多く産出されるということで名づけられたのが「釜石」の地名であると

のことであります。

④甲子川の川口に位置する嬉石港のはずれにアイヌ語の「kama（平板岩）」に相当すると思われる「平らな大岩」が露出していたということで名付けられたのがアイヌ語の「kama・us・i（平岩・そこにある・所）」で、それから転訛し、転移したのが「釜石」の地名であるとのことであります。

「かまいし」の地名の解釈については、筆者自身も、かつては以上の四つの解釈の候補があると考えていたこともありましたが、最終的にそのうちのどれが本命かというところで、いささか迷うところがあって踏ん切りがつかずにいたのでありました。

ところが、一昨年のこと、筆者が新たに貫通した国道283号線の仙人トンネルのなかをマイカーを走らせて釜石の中心街に向かっているときに、ふと思いついたのは、「釜石」の地名は「五葉山」のかつてのアイヌ語名だったと思われる「Kamuy・sir（神の・山）」からの転訛のそれではないか、そうであるに違いないという思いに駆られたのでありました。

そういえば、江戸期の初めのころの「釜石」の称は、川下の臨海地に偏った港町としてのそれではなく、五葉山山頂から現在の甲子町辺りまでの山手の方を指す地名だったということ、それに、当の「五葉山」は彼等エミシの人たちがアイヌ語で「神の魚（kamuy・chep）」と呼ぶ「サケ」が群れをなして遡上したという甲子川の水源の山であり、かつまた、彼らが「山にいる・神（kimun・kamuy）」と呼んで畏敬した「クマの棲家の山」であり、シカの狩場の山でもあるということ

等から、昔から地元釜石の人々の心と暮しの拠り所としての「聖なる神の山」でもあったということ等も考え合わせてみて、「五葉山」は、まさに彼らの言う通りの「おらほの山」であり、「釜石」の称は、この「Kamuy・sir」から転訛した地名であると言えば、釜石人のだれもが、即、肯定してくれるに違いないと思う山であるということがよくわかったのでありました。こうして、「かまいし」の語源は、取りも直さず、その「Kamuy・sir」であるとの思いをいっそう強くしたのでありました。

　ということであり、それゆえに、古代の「五葉山」は地元のエミシの人たちから、固有名詞的地名としての「Kamuy・sir」だったと考えられ、その「Kamuy・sir」から転移したのが今日の「釜石」の称であるということが容易に理解できると思うのであります。

鵜住居（うのずまい・うずまい）［岩手県］

　「鵜住居」の地名は戦国期から見える古い地名であります。
　一般に、この地名は読んで字の通りの「海鵜の生息地」を意味する和語地名と見られているようでありますが、次のようなアイヌ語系地名であると見るのがより正しいと思うのであります。
　「うのずまい」は、アイヌ語の「us・oma・i」からの転訛で、その意味は、＝「入江・ある・所」と解されます。
　この解釈は現地の地形にも合致する有力説として認められつつあるように思います。

大槌（おおつち）[岩手県]

「大槌」は室町～戦国期の武士「大槌氏」の本拠地として知られ、江戸期から明治22年まで「大槌村」で、同年「大槌町」となって今日に至っております。

「大槌町」の「おおつち」は、アイヌ語の「オオツシ・ウツ・ペツ」からの転訛であるかのように角川日本地名大辞典に書かれてありますがどうでしょうか。

筆者としては「oo・chis・us・pet（オオ・チシ・ウシ・ペッ）」からの転訛で、＝「深い・川底の凹み・ある・川」でしたら何とかまだわかるのですが、そうではなく「オオツシ・ウツ・ペツ」だということであるとなると、はてなと思うのであります。

筆者自身の数度にわたる現地踏査の結果からわかったのは次のような解釈であります。

「おおつち」の語源は、アイヌ語の「o・chis・us・nay」の後略「o・chis」で、＝「川尻に・立岩・ある・川」と解されると考えております。

この場合の「立岩」と申しますのは、国道45号線のバイパスのガードがありますが、そのガード下に「大石の淵」というバス停があり、しかもそのすぐ近くにその「立岩（大石）」が毅然として立っています。

そして、その「立岩」は、現在は大槌川の川尻から1km余り川上の所にあり、そこには現在「淵」がなくなっておりますが、昭和の初めごろまでは、そこに「川跡の深い淵」があったということがわかっております。

ただし、ここで注意しなければならないのは、「chis」の意味についてであります。この場合の「chis」を「立岩」と

訳しましたが、この「chis」には、別に「川底の凹み」という意味もありますので、そのような意味に取り違えないようにしなければなりません。

城内（じょうない）［岩手県］

　軽米町沢田から洋野町種市に通ずる県道20号線のノソウケ峠から4kmほど下がった所の左側の山中に「滝沢の大滝」と呼ばれ、別に「城内の大滝」とも呼ばれている古い滝があります。その滝が「滝沢の大滝」、または「城内の大滝」と呼ばれているのは、洋野町の大字城内の字滝沢にある滝であるからであります。

　一般に「城内」の地名の由来については、南部家の天正年間の家臣に種市中務という武士がいて、その武士の居城があった所ということで、この地の地名が「城内」と呼ばれるようになったと言われているようでありますがどうでしょうか。

　筆者の見解を率直に申し上げますと、この地名は明らかにアイヌ語系地名であり、次のように考えられます。

　「じょうない」は、アイヌ語の「zyo・nay」からの転訛で、その意味は、=「滝の・沢」と解されます。

　ちなみに、アイヌ語で「滝」は「so」、「syo」でありますが、濁音を交えて、「zo」、「zyo」でもよろしいわけであります。

「ノソウケ峠」（のそうけとうげ）［岩手県］

　「ノソウケ峠」は内陸部の軽米と沿岸部の種市間を結ぶ県道20号線の途中の分水嶺の鞍部の所に名付けられている峠の名前であり、次のように考えられます。

「ノソウケ峠」の「ノソウケ」とは、アイヌ語の「no・so・ke」からの転訛であり、その意味は、＝「聖なる・滝・の所」と解されます。

ここに言う「聖なる・滝・の所」の「滝・の所」とは、前記の「城内の大滝の所」ということであります。

この「ノソウケ峠」については、その昔、何か特別の悪魔祓いの行事が行われた所であるという謎めいた言い伝えが残されているとのことであり、それは何だったのでしょうか。

おそらく、それは弘仁期に陸奥・出羽按察使の文室綿麻呂たちによって行われた「爾薩体・閉伊の戦い（和風蔑称蝦夷征伐）」で、大和朝廷勢力が強引かつ一方的に行った殺戮行為を受けたエミシの人たちが、その忌まわしい事件の記憶を記念して、閉伊の沿岸部からノソウケ峠の上に集結し、はるかに大和朝廷軍の前線基地となった徳丹城や胆沢城の方角に向って呪いの呪文を唱え、木の幹に張り付けた怨念のワラ人形に矢を立てるなどして気勢を上げたであろうということが想像されるのであります。

仙台（せんだい）[宮城県]

「せんだい」は、アイヌ語の「sey・un・nay」からの転訛で、その意味は、＝「二枚貝・そこにいる・川」と解されます。

この地名の始まりは「広瀬川」を称する川の名の一つだったと考えられ、それがその川の岸に開けた村落の名に転移したのが今日の「仙台」の地名の始まりであると思います。

ここにいう「二枚貝」とは「カワシンジュガイ」のことであろうと考えられます。

この地名は鹿児島県に「川内（せんだい）」の地名がある

ように、この地にある「仙台市」の「せんだい」も、かつてはその表記が「川内」と書いて音読みの「せんだい」だったのがいつの頃か読み替えられて、好字書きの「千代（せんだい）」になり、次いでそれが今日の表記の「仙台（せんだい）」に転訛したものであろうという見方もあるようであり、それはそれとして一応の地名由来として評価ができると思うのであります。

　しかし、筆者としては、上記のとおり、あえてここに「仙台」の語源のルーツは「sey・un・nay」にあるとするアイヌ語系説を採るわけであります。

　「カワシンジュガイ」が棲む川は流れが清冽で飲料にも適する川で、それゆえに「pirka・nay（良い・川）」とも呼ばれ、北海道の美幌地方などではそこの川に棲む「カワシンジュガイ」のことを「sey・kamuy（貝の・神）」と称して重宝がり、食用にも供しましたが、その貝殻はヒエ・アワなどの穀物の穂を摘むときのカッターとしても使いました。

　なお、「カワシンジュガイ」はアイヌ語で「pipa」と言い、「sey」とは言わないという人もおられるようでありますが、「二枚貝」は、海に棲もうと川に棲もうとそのどちらもが「sey」と称されてよろしいわけであります。

利府（りふ）［宮城県］

　仙台市隣接の「利府町」の「りふ」は、アイヌ語の「ri・hur」からの転訛で、その意味は＝「高い・丘」と解されます。

　したがって、これに和語の「町」を後付けしたのが、＝「高い・丘の・町」という意味としての現在の町名であります。

　現地を訪ねてみると、まさに高い丘が格好良く立ち並ぶ自

然豊かな町であります。

刈田郡（かったぐん）[宮城県]

「刈田郡」の「かった」の語源は、アイヌ語の「kar・ta・us・i」が音韻変化した形の「kattausi」の後略の形の「kar・ta」→「katta」からの転訛で、＝「火打石を・いつも拾っている・所（川）」と解されます。

「kar」は「発火器」を意味し、ここでは「火打石（石英）」のことであります。

昔の人にとって「火打石」は大事な生活必需品の一つであり、この石を手に入れるときには、火成岩地層を流れる川の川原のうちで、「火打石」が拾える川原をあらかじめ大人の常識として知っていて、必要になったときにその川の川原に行って拾いました。

「刈田郡」で火打石が拾える川は、土地の古老から得た情報と実地踏査の結果から、松川水系ではなく、白石川水系であることがわかりました。

伊治（いじ）・此治（これはる）・上治（かみはる）・栗原（くりはら）[宮城県]

伊治城は旧栗原郡で、現栗原市の築館にありました。伊治城にかかわる記録として、続日本紀宝亀11年（780年）3月22日の条に「陸奥国上治郡大領外従5位下伊治公呰麻呂云云」とあります。これを見ると、栗原郡にある伊治城は、上治郡大領の伊治公呰麻呂が城主として司る城柵であったもののように読み取れます。ところが、それにしては呰麻呂の姓が伊治公と書かれてあるのに、どうして彼が伊治郡ではな

い上治郡の大領だというのでしょうか。そして、そこがその時点では栗原郡であったはずなのに、なぜ上治郡と書かれているのかなどといういくつかの疑問が纏いついており、東北地方に住み、古代・中世の東北史を趣味としている筆者たちを困らせます。

　この問題について、かつて多賀城址の発掘調査が行われた折に、「伊治城」のことを指すと思われる城柵のことが「此治城」と書いて「これはる城」と読むと思われる漆紙文書が出土したということで、話題に上りました。

　そこで筆者が考えたのは伊治や伊治公などにかかわるこれらの問題の地の地名や人名の解釈については、それらがアイヌ語から和語に転訛する過程での手違いのようなものがあってこのように複雑化しているのではないかということで、これをアイヌ語に戻して整理して考えてみました。この作業を経て思いついたのは次のような解釈であります。

　　伊治郡について：「伊治郡」の「伊治」の読みは「いじ」のほかに「いはる」とも読まれていたのではなかったか、そうだとすると、その語源は、アイヌ語の「i・haru・us・i」の後略の「i・haru」で、その意味は、＝「聖なるそれの・食べ物・群生する・所」とも解されます。ただし、この場合の「i・haru（聖なるそれの・食べ物）」とは「kamuy・haru（神の・食べ物）」ということで、「クリの実」のことだと思いますから、これを入れ換えて書き直しますと、「i・haru・us・i」は、＝「kamuy・haru・us・i」で、「神の・食べ物」、つまり、「クリの実・群生する・所」になります。そして、これに和語の「郡」を意味する「mosir」を後付けした形の、＝「i・haru・us・mosir」で、＝「クリの実・

群生する・郡」ということになり、その中略の形としての「i・haru・mosir」でも通用していたものと考えられます。

此治郡について：「此治郡」の「此治」の語源は、アイヌ語の「kur・haru・us・i」の後略の形としての「kur・haru」からの転訛で、これも、その意味は、＝「神の・食べ物・群生する・所」と解されます。ただし、この場合の「kur・haru（神の・食べ物）」とは、やはり、「クリの実」のことであると考えられますから、これを入れ換えて申しますと、「kur・haru・us・i」とは、＝「クリの実・群生する・所」になり、その意味は、前記の「i・haru・us・i」と同じになります。

上治郡について：「上治郡」の「上治」の語源は、＝アイヌ語の「kamuy・haru・us・i」の後略の形としての「kamuy・haru」で、その意味は、＝「神の・食べ物・群生する・所」と解され、先に触れた「伊治（いじ）」を「いはる」と読んだ場合のそれと、次に取り上げた「此治」を「これはる」と読んだ場合のそれと、ここにいうこの「上治（かみはる）」とは、その表記は異なるものの、その意味は同じであるということがわかります。

栗原郡について：「栗原郡」の「栗原」の語源は、アイヌ語の「kur・haru・us・i」の後略の形の「kur・haru」で、その意味は、＝「神の・食べ物・群生する・所」→「神の・食べ物」と解されます。

ということは、これも前記の「伊治」、「此治」、「上治」とその意味が共通しているということであります。したがって、「栗原郡」とは、この「kur・haru」に「郡」を意味する「mosir」を後付けして書き換えた形の「kur・haru・

us・mosir」で、＝「神の・食べ物・群生する・郡」という奈良朝以来の古い郡の郡名であることがわかります。

　こうして、問題となっているこれら四つの地名はその表記は異なるものの、同じ「栗原郡」を指す地名であるということがわかり、問題が解けるように思われるのであります。このような問題はアイヌ語地名を和語に書き換えるときの訳者のうっかりミスによるものなのか、それとも、このように異字同意に書くことによってそれなりのメリットがあるということで、意識的にこのようにして書いたということなのでありましょうか、いささか気にかかるところであります。

　なお、文中の「kamuy・haru」について、辞書には、「kamuy・haru」とは動物性の食べ物である「クマの・肉」のことであるというようにも書いてありますが、そうなると、「kamuy・haru・us・mosir」の意味が、＝「クマの肉・群在する・郡」となり、いささかぎこちない訳となりますので、これを、植物性の食べ物である「クリの実」と考えて、＝「クリの実・群生する・郡」と解したわけでもあります。「クリの実」はアイヌ語では「yam」でありますが、別に「kamuy・rataskep」とも言い、＝「神の・植物性食べ物」で、＝「神様の果物」とも称されたようであり、その昔、アイヌの国には無かった食べ物だったのを、アイヌの若い神が「sisam（和人）の国 yam・at・mosir（大和国）」こと、＝「クリの実・群生する・国」から、俵に入れてアイヌの国に運んできて、それを種子にして増やした山の堅果であり、それゆえに、特別に尊い「kamuy・har（神の・食べ物）」であると、アイヌの国の神話などでそのように伝えられているとのことであります。

亘理郡（わたりぐん）[宮城県]

「亘理郡」の「わたり」の語源は、アイヌ語の「wattari」で、その意味は、=「それの川の淵」→「阿武隈川の川の淵」と解されます。

「wattari」は「wattar（川の淵）」の第3人称形で、「それの川の淵」という意味でありますから、ここにいう「wattari」とは、=「i・wattar（聖なるそれの・川の淵）」と書くこともでき、そこにある聖なる川である「阿武隈川の川の淵」ということになります。ということで、「亘理郡」のうちで「wattari（それの川の淵）」と言えば、ほかならぬそこを流れる聖なる川「阿武隈川」の下流域にある「緩やかな川の流れの深淵」のことであるということが、その川の下流域の「亘理町」の辺りの地形と川の流れの様子などから容易にわかります。

白石（しろいし）[宮城県]

「白石市」の市役所裏の字調練場に自然石の露頭だといわれる石塔のような形の石柱が立っております。

この石柱のことを地元の人たちが、古来「白石の神石」と称して崇敬しており、「白石」の地名の由来はこの「石（sirar）」にちなむと刈田郡史などにも書かれてあります。

踏査してみると、なるほどと思えるところがあり、次のように考えられます。

「しろいし」は、アイヌ語の「sirari・us・i」が音韻変化した形の「sirarusi」からの転訛で、その意味は、=「それの岩・生えている・所」と解されます。これを書き直しますと、=「神の岩・頭を出している・所」になります。

ただし、ここにいう「sirari」は、「sirar（岩）」の第3人称形で、「それの岩」ということでありますから、それは白石の地名由来としての「神の岩」であるということがわかります。

日辺（にっぺ）［宮城県］

　仙台市太白区の名取川と広瀬川の合流点の左岸に大字名の「日辺」があります。この「日辺」の地名の由来は、「日ノ宮八幡宮の辺りにある集落ということによる地名である」などとぎこちない説明をしていますが、その実はどうでしょうか。次のようなアイヌ語系地名であるように考えられるのでありますが。

　「にっぺ」の語源は、アイヌ語の「ni・pe・kar・us・i」の後略の形の「ni・pe」で、その意味は、＝「樹液を・いつも採っている・所」と解されます。

　アイヌ族の人たちはカエデやイタヤやシラカバの樹木の表皮に傷をつけて、傷口から流れ出る樹液を器に採取して飲みました。筆者も若いときに何度か山荘の庭に植えてあるカエデの樹液（メイプルシロップ）を採取して飲んだことがありますが、夏の暑い日に飲む味はことのほか新鮮で美味しいものであります。

愛子（あやし）［宮城県］

　仙台市青葉区の広瀬川南岸段丘上に「愛子」の地名があり、現在そこが「上愛子」、「愛子中央」、「下愛子」、「愛子東」など四つの地名に分かれています。

　「あやし」は、アイヌ語の「ay・us・i」からの転訛であり

ますが、これが会話のうえでは連声して「ayusi（アユシ）」と発音され、その意味は、＝「イラクサ・群生する・所」と解されます。

「イラクサ」は漢字で「蕁麻」、「刺草」などと書き、その繊維を織って布にしたのが「retar・pe（白い・もの）」という飴色がかった白地の布で「イラクサ織」とも言います。古来、アイヌの人たちはこれでアイヌ衣装を仕立て、刺繍を施して着ました。「イラクサ」はアイヌ語で「ay」、「hay」、「mose」、「musa」などとも呼ばれ、ここにいう「ay・us・i」→「ayusi」のほか、「hay・us・i」→「hayusi」、「mose・us・i」、「musa・us・i」などとも言い、その意味は皆同じで、＝「イラクサ・群生する・所」であります。

イラクサの若芽は「アイ」、「アイっこ」などと呼ばれ、山菜として重宝がられ、春の味の優れものとして食用に供されます。

筆甫（ひっぽ）［宮城県］

丸森町に「筆甫」の地名があります。「ひっぽ」は、アイヌ語の「pit・po」→「pippo」からの転訛で、その意味は、＝「小石」と解されます。

ここにいう「pit・po」→「pippo」とは、アイヌの人たちがゴザやムシロを編むときに編み機の錘として使った握りこぶし大の「小石」のことであり、昔はどこの家にも備え付けられてあった生活必需品でした。

彼らはその「小石」が必要になったときには、迷わずそこに行けば容易にそれが拾えるという特定の川を予め大人の生活常識として知っていて、その川の川原に行って拾ったと言

われております。

「pit・po」が拾える川原のある川のことを「pit・po・nay」→「pipponay」と呼んでいたと思います。その「pit・po・nay」が後略された形の「pit・po」から転訛したのがここにいう「筆甫」の地名であるというわけであります。

名振（なぶり）[宮城県]

石巻市の「名振湾」の南岸の入江の地名が現在「雄勝町名振」であります。

「なぶり」は、アイヌ語の「nupuri」からの転訛で、その意味は、＝「山」と解されます。この場合の「山」とは「名振」の地内にあって、地域の人たちの心の拠り所となっていたと思われる身近な「山」である「石峯山（352m）」のことであろうと考えられます。

「石峰山」は、かつてその近隣の住人であったエミシの人たちの信仰する「kamuy・nupuri（聖なる・神の山）」であったと考えられます。

石巻（いしのまき）[宮城県]

「いしのまき」は、アイヌ語の「i・us・not・mak・ke」が音韻変化した形の「iyusnotmake」からの転訛で、その意味は、＝「聖なるそれの・湾の・岬・の奥・の所」と解されます。

ここで「聖なるそれの・湾の・岬」とは、つまり、「牡鹿半島」のことであり、「その奥・の所」ですから、それはすなわち、「石巻」のことであるということのようであります。

鮫浦（さめのうら）[宮城県]

「鮫浦」は牡鹿半島東部の「鮫浦湾」の北部に位置する石巻市の大字名で、その名の「鮫浦」は、その昔、そこにワニザメとやらが棲んでいたという言い伝えがあり、それにちなんで名づけられたのがこの地名であるなどと言われたりしていますがどうでしょうか。

そこで考えられるのは次のようなアイヌ語系地名としての解釈であります。

「鮫浦」の「さめ」の語源は、アイヌ語の「sa・wa・an・mem」で、それが音韻変化して「sawammem」と発音され、それに和語の「浦」が後付けされた形がこの地名であると考えられ、その意味は、＝「浜寄り・に・ある・泉沼の・入江（浦）」と解されます。

これをわかりやすく言い換えますと、＝「浜寄りに泉沼のある入江（浦）」になります。

ということであり、この地名は、その昔、この地の入江の奥の浜辺に泉の湧く沼があったということで名づけられた地名であるということになります。

「鮫浦」の漁港は地内に細長く入り込んだ入江の奥にありますが、その奥の陸地の所が現在もかなりの低湿地になっていて、かつてそこが海寄りの低地であるためにたびたび高潮に見舞われた所であり、古代には、おそらくそこが汽水沼になっていたのではなかったかと想像されます。

小友（おとも）[宮城県]

七ヶ浜町東宮浜に字名の「小友」があります。この浜のことを地元の漁師の人たちは俗に「小友浜」と呼びますが、船

乗りの人たちは「小友浦」とも呼んでいるようであります。
　筆者が仙台湾岸方面に地名調査に出かけたのは東日本大震災前の、たしか平成16年前後のあたりだったと思います。春3月の大潮の日を待って「小友浜」に行ったところ、「小友浜」の砂浜の波打ち際が普段の満潮時のそれよりも100m近くも後退して砂浜が沖に向かって広々と広がっていて、そこに大勢の人たちが集まって潮干狩りをしていました。
　この地の地名であるその「小友」は次のように考えられます。
　「おとも」の語源は、アイヌ語の「ota・moy」で、その意味は、＝「砂浜の・入江」と解されます。
　いわゆる「おとも地名」と呼ばれるアイヌ語系地名の語源は単一ではなく、およそ次の三つの事例が考えられます。
その1「砂浜の・入江」の事例：この種の「おとも」は、「ota・moy」からの転訛の「おとも」で、その意味は、＝「砂浜の・入江」と解されます。この「砂浜の・入江」としては、永田方正先生の「北海道蝦夷語地名解」に6例ほど載録されており、宮城県七ヶ浜町の「小友」、岩手県陸前高田市の「小友」などがそれであります。
その2「砂礫の地層の・川の淵」の事例：この種の「おとも」は、地名としては、その1と同じ「ota・moy」からの転訛の「おとも」でありますが、その意味は、＝「砂礫の地層の・川の淵」と解される事例のそれであります。この地名の事例としては、青森県弘前市の「小友」、同東北町の「乙供」、岩手県矢巾町の「乙茂」、同花巻市東和町の「小友」、同一戸町の「小友」、秋田県秋田市の「小友」、同由利本荘市の「小友」、同大仙市大曲の「小友」、同強首乙越沼の「乙越」、

同能代市中沢の小友沼の「小友」などがあります。

その3「岬頭」の事例：この種の「おとも」は、「en・rum」からの転訛の「えとも」→「おとも」で、その意味は、＝「岬頭」と解されます。この地名の事例としては、北海道室蘭市の室蘭港の切岸の岬の「en・rum」からの転訛と思われる「えども」、岩手県遠野市の「小友」、岩泉町の「乙茂」などのケースがあります。何れも「懸崖の岬」か、それに似た「岬状尾根頭」のことを指します。

以上でありますが、ここにいういわゆる「おとも地名」については、語源が「ota・moy」であるとか、「砂礫の地層の・川の淵」であるとか、または「岬頭」及びそれに似た「岬状尾根頭」であるとかの争いがありますが、筆者としてはデスクワークにとどまらず、フィールドワークの繰り返しから得た結論として、これらの地名の語源は単一ではなく、複数であるということであります。つまり、これまでの、いわゆる「おとも地名」の研究では、研究者が、その語源が一つのアイヌ語地名、例えば「ota・moy」であるとか、いや「en・rum」であるとか、無理に一つに絞って片付けようとしたところに間違いがあったのではなかったかと思うのであります。たとえば、この筆者自身も、かつて岩手県の岩泉町の「乙茂」の語源が「en・rum」ではないかと思いながらも、しばらくの間は敢えて「ota・moy」としていたことがあったのを思い出します。

ちなみに、東宮浜の小友周辺の海岸は2011年の東日本大震災の折におよそ1mほどの地盤沈下をして海進現象が起こったために、昔あれだけ広かった潮干狩りの干潟が、今はびっくりするほど狭小化しております。

耳取（みみとり）［宮城県］

　大崎市の「耳取」は、元「丹取郡」の「にとり」と同義で、「粘土を取る所」を意味するなどとも言われたりしていますが、筆者としては、次のようなアイヌ語系の地名であると考えておるわけであります。

　「みみとり」の語源は、アイヌ語の「memi・to・or」で、その意味は、＝「聖なるそれの湧水の・池・の所」と解されます。

　ただし、「memi」は「mem（湧水）」の第3人称形の「それの湧水」であり、この場合は「聖なるそれの湧水」と訳すのがよろしいと思います。

　ここにいう「聖なるそれの湧水」とは「kamuy・wakka（水神の・飲み水）」、つまり、「神の恵みの・湧水」ということであります。

　となりますと、「大字耳取」の地内にそのような「湧水」があるということになるわけでありますが、どうでしょうか。

　筆者が十数年ほど前に現地調査に出かけて行き、何人かの古老たちに尋ねて回ったところ、幸いにして郷土史に詳しい古老に会うことができ、快く現地に案内していただきました。

　聞くところによれば、今ここはこのように荒れたアシ原の湿原になっているが、その名は小字名の「清水」で、水道設備のなかったころの昔は、ここの「清水」のことを「しずみず」と言って、盆正月やあらたまった行事の時の取って置きの茶の湯用の清水として扱われ、かつては、近くにある興聖山安国寺の門前にあるというとで、「御前水」とも呼ばれ、安国寺の大和尚のお茶の水もここから汲んでいたとのことでありました。

　ちなみに、岩手県には「耳取」の地名が4か所ほどにあり、

そのうちで特に有名なのは矢巾町の「耳取」で、そこには昔からどんな日照り続きでも涸れることない清水が勢いよく湧き出ていて、聖なる飲み水として扱われており、地内に水神を祀る水分神社と稲荷神社が祀られてあります。

歌津（うたつ）［宮城県］

南三陸町に「歌津」の地名があります。

「うたつ」の語源は、アイヌ語の「uta・etu」からの転訛で、会話のうえでは音韻変化を伴って「utatu」と発音されたと思われ、その意味は、＝「砂浜の・岬」と解されます。

ここで「砂浜の・岬」と申しのますのは、美しい白砂青松の砂浜で知られる「泊浜のある岬」ということでこのように名づけられた地名であると考えられます。

登米（とめ・とよま）［宮城県］

現在「登米市」の「登米」は「とめ」と読み、「登米町」の「登米」は「とよま」と読まれております。

「とめ・とよま」の地名の由来は、続日本紀宝亀5年（774年）10月の条に、按察使大伴駿河麻呂が「遠山村」の蝦夷を撃ったという一文がありますが、その「遠山」の地名はここにいう「とよま」のことであろうと思うところがあり、それは次のように考えられます。

「とめ・とよま」の語源は、同じアイヌ語の「toy・oma・i」からの転訛で、その意味は、＝「食用土・ある・所」と解されます。

ここで「食用土」と申しますのは、アイヌ族の人たちが食用にもしたといわれる「珪藻土」のことであり、「珪藻土」

は植物性プランクトンの死骸が地下に埋もれて粘土化したものであります。筆者が祖母から直接聞いた話では、明治のころまで、時折味噌汁に溶かして食べたものだったとのことでありました。

茶臼山（ちゃうすやま）[宮城県]

「茶臼山（154m）」は、北上川の分流地点にほど近い登米市津山町と石巻市桃生町との境界線上にある山で、次のようなアイヌ語系の山名の山であると思います。

「ちゃうす」の語源は、アイヌ語の「chasi」で、その意味は、＝「砦」と解されます。

この山は弘仁期にエミシの人たちの攻撃を受けたことで知られている桃生城址ではないかとも言われたりした問題の山でありますが、その後、この山の桃生城址説は見直されたものの、その地形、遺構等から判断して、それよりも前の時代のエミシの人たちの「チャシ跡の山」だったということはほぼ間違いないと思います。

保呂内沢（ほろないざわ）[宮城県]

大崎市鳴子の江合川の枝川の流れる沢が「保呂内沢」であります。「保呂内沢」の「ほろない」の語源は、アイヌ語の「poro・nay」で、その意味は、＝「大きい（方の）・川」と解されます。

この地名の場合、その隣にあるより小さい川である「鎌内沢川」と比べて、「保呂内沢川」の方が相対的に大きいということでこのように名づけられたものと考えられます。

女川（おながわ）[宮城県]

　牡鹿郡の「女川町」の「おながわ」の称の始まりは、そこを東流して「女川湾」に注ぐ川の「本流域」を称する意味としての「onne・nay（年老いた・川）」ということであり、その「onne・nay」の川の上流域の谷間から2～3本の枝川が流れ下って、「onne・nay」の本流に注いでいますが、その「枝川」のことを、それぞれアイヌ語で「pon・nay（子である・川）」と称するのに対して、その本流のことを称して「onne・nay」だというわけであります。

　また、一般に同一地内を別々に「大きい川」と、「より小さい川」とが並ぶようにして流れている場合に、その大きい方の川のことを「poro・nay（親・川）」と呼び、小さい方の川のことを「pon・nay（子である・川）」と呼ぶケースもあるわけであります。

　ということであり、現にある「女川町」の「おながわ」の称の始まりは、地内を流れている「女川」の「本流」を指す意味として「onne・nay」であり、その「onne・nay」から転移したのが現在の町名としての「女川」の称であるというわけであります。

　なお、「onne・nay」は、「親・川」でもよいのですが、それよりも上流に多くの枝川があり、その枝川に孫川が多くあるということでこのように「onne・nay」の称が使われている場合もあるわけであります。

鳥海山（ちょうかいさん）[山形県]

　「鳥海山」は、かつて「北山（ほくさん）」とも称し、県南の出羽三山と呼ばれる月山、羽黒山、湯殿山などと共に天下

の霊山として世に知られています。

「鳥海山」の「ちょうかい」は、アイヌ語の「chup・ka・o・i」の転訛で、その意味は、=「東方・にある・恐れ多い者（神の山）」だったと考えられます。

ここにいう「東方にある恐れ多い者（神の山）」という称は、古代日本の北方への海路の事実上の表通りだった日本海沿岸航路を北上する船の上から見た場合の情景に基づいて名づけられた山名であったと考えられます。

また、その名の「chup・ka・o・i」は、その語尾の「i」に代えて「mosir」を入れると「chup・ka・o・mosir」となり、それは古代東北のエミシの国を指すアイヌ語名であるというようにも受け止められる地名として注目されます。

それゆえに、ここにいう「chup・ka・o・i」の称は、=「エミシの国・にある・恐れ多いもの（神の山）」という解釈にもなるようにも考えられます。そして、その昔、この山がいかに「恐れ多い神聖な山」だったかということは、878年の元慶の乱の後に、朝廷から従二位という特別に高い神位が贈られたという事実もあり、その辺りのことがよくわかります。

庄内（しょうない）[山形県]

「庄内平野」の名で知られている山形県の「庄内」は別に「荘内」とも表記されました。一般に、その名の「しょうない」の地名由来は、この地に中世の地頭大泉氏の荘園があった所ということで、その名が「荘内」になったとも言われているようであります。

しかし、筆者としては、その名の「庄内」はそのような和語系の地名ではなく、アイヌ語系地名であると見て、次のよ

うに考えております。

「庄内」の語源は、出羽山地から流れ出て庄内平野を貫流して日本海に注ぐ大河である「最上川」を称するアイヌ語地名としての「syo・o・nay」→「syonay」が語源であると考えられ、その意味は、＝「滝・多くある・川」と解しております。

ということであり、その語源と考えられる最上川水系の上流域には、大きな滝がいくつもあり、そのなかの主なものだけを挙げると次の通りであります。

・最上川支流の相沢川の十二滝
・同支流の大沢川の不動滝
・同支流の塩根川の不動大滝
・同支流の金山川の大滝
・同支流の指首野川の雷滝

なお、庄内平野の海岸に流れ出るその他の川に吹浦川、日向川、赤川等があり、それらの川にも、それぞれに名の知れた滝が多くありますので、それらの川の滝も合わせて多くの滝があるということで名づけられたのがここにいう「庄内」の地名であるということもできると思うのであります。

出羽（いでわ・でわ）［山形県］

現在の「出羽」は、山形県と秋田県にまたがるエリアで、「羽州」とも言います。

この地名の初見は、和銅元年（708年）に越後国の北部に建郡された「出羽郡」の郡名としてであり、次いでその4年後に、その「出羽郡」が越後国から分離された「置賜郡」や「最上郡」を合わせて新たな国名としての「出羽国」として

創設されました。

建郡当初の「出羽郡」の「出羽」の読みは、「でわ」ではなく「いでわ」だったというところから推して、この地名は次のようなアイヌ語系の地名であると考えられます。

「いでわ」の語源は、アイヌ語の「i・e・en・tay・iwa」→「ientaiwa」からの転訛で、その意味は、＝「聖なるそれの・頭が・尖っている・森の・霊山」と解され、そのルーツは、この地に聳える著名にして聖なる山のことを指すアイヌ語の称である「ientaiwa（イエンタイワ）」からの転訛地名にあるということがわかります。

この地名は、つまり、「ientayiwa」が「いえんでぃ」に転訛し、それに和語の「山」が後付けされて、「聖なるそれの・頭が・尖っている・山」という山名になり、それが国名に転移して「出羽（いでわ）」になったものと解されます。

宇多川（うだがわ）［福島県］

「宇多川」は、阿武隈山地の霊山（りょうぜん）から相馬市を貫流して松川浦に注ぐ川であり、その名の「宇多」については、多くの地名辞典などにも由来不詳と書かれたりしておりますが、筆者の考えるところでは、この「宇多」は、その読みとその地の地形等から推して、アイヌ語系地名であると見るのが自然であり、次のように考えられます。

「宇多川」の「うだ」の語源は、アイヌ語の「uta」で、その意味は、＝「砂浜」と解され、明らかに当の「宇多川」が流れ出ている松川浦の「砂浜」のことであるというのがわかります。

したがって、これにアイヌ語の「川」を意味する「nay」

を後付けした形としての「uta・nay」が、「宇田川」の語源であり、その意味は、=「砂浜の・川」と解されます。

安達太良山（あだたらやま）[福島県]

　安達太良山（1,700m）」の名は、孤山としての山名であると同時に、そこに連なる「鬼面山（1,482m）」、「箕ノ輪山（1,718m）」、「鉄山（1,710m）」の諸山と共に連山としての称でもあります。そしてその地名のルーツは、孤山の称としての山名にあると考えられ、次のように解釈されます。

　「安達太良山」の「あだたら」は、アイヌ語の「a・taratarak・i」からの転訛で、その意味は、=「燃える・石多くある・者（山）」と解されます。

　ここにいう「燃える・石多くある・者（山）」とは、「溶岩や火山弾などの岩石が多くある山」ということであり、その名は「安達太良山」の山頭付近の山容に合致します。

銚子（ちょうし）[千葉県]

　千葉県の「銚子」の語源は、アイヌ語の「chasi」で、その意味は、=「砦」と解されます。

　「銚子」にエミシの人たちの「砦」に相当する「chasi」があったとすると、それに比定される所として考えられるのは、犬吠埼の岬頭の「愛宕山」であります。

　愛宕山は、その地勢、地形等から判断するところでは、その麓に周辺の豊漁の海と川の恵みに与って暮らすエミシの人たちが住んでいて、その人たちの、いわゆる「chi・nomi・sir（われら・祈る・山）」だった所であり、合わせて、いざという時には、村人たちがそこに集結して、自らの村と豊漁

の海と川を守って戦う要害の丘、つまり、「防衛拠点としての丘」で、いわゆるアイヌ語の「chasi」であったということが、およそ推定できます。

なお、「銚子」の地名については、別にアイヌ語の「chiw・as・i」→［chiwasi］からの転訛で、＝「川口の・波立つ・所」であるとして利根川の川口がそれに該当すると申される向きもあるようでありますが、そのような解釈には少々の無理があると思います。

それはどうしてかと申しますと、「川の波立ち現象」は、ひとり「銚子」の利根川だけにとどまらず、世の中の川という川のほとんどすべての川のどこかに見られる一般的な現象であると思われるのに、どうして利根川が特別にそのように呼ばれるのかということと、それに加えて、その地名が「波立ち現象の川」を意味する事例ではないかということで、よく調べてみると、その多くの場合でそうではなく、その近辺にある「chasiの丘」のことであると考えられる事例がしばしば見られるという筆者の経験に基づく見解も持ち合わせているからでもあります。はっきり申しますと、利根川についての「chiw・as説」は、あまりあてにはならない説のように思われます。

犬吠埼（いぬぼうざき）［千葉県］

銚子市の「犬吠埼」の「いぬぼう」の語源は、アイヌ語の「inun・po・o・i」で、その意味は、＝「漁師の番小屋・多くある・所」と解されます。

ちなみに、この場合の「inun・po」の「inun」は、「漁のために水辺に出向いて滞在する」という動詞としても使われ

ますが、ここでは動詞ではなく、「漁のために水辺に出向いて滞在する小屋」、つまり、「漁師の番小屋」という意味の名詞としての「inun」であります。

そして、「inun・po」の「po」は指小辞としての「po」であり、筆者たち東北人が未だによく使う「馬っこ」の「っこ」とか「猫っこ」の「っこ」など、ある名詞の語尾に付けてそのものに親愛、可憐などの意味を付加するときに使う一種の接尾語であります。

その昔のエミシの漁師たちが、「犬吠埼」の海岸に「inun・po」を建てて何をしたかと申しますと、そこの沿岸や近海に回遊してくるイワシ・カツオ・マグロや、利根川に遡上しようとしてやってくるサケ・マスなどの大漁の時季に、「犬吠埼」の浜の近辺や利根川の河口付近に建ててある「inun・po」に泊り込んで漁をし、水揚げをし、加工し、休憩をしたということだったと考えられるのであります。

ちなみに、犬吠埼周辺の海は古来特にイワシが豊漁な所として有名であり、沿岸に回遊してくるイワシの魚群を地引網漁で獲るのがこの地方の古来の漁法であったことが知られておりますので、その昔、この辺りの海辺には、そのイワシなどを獲る漁師たちの「inun・po」が多く建っていたということが想像されます。

木更津（きさらづ）[千葉県]

「きさらづ」の語源は、アイヌ語の「kisara・tu」で、その意味は、＝「彼の耳の・岬」と解されます。

「kisara」は「kisar（耳）」の第3人称形で「彼の耳」であります。ここで「kisara（彼の耳）」と申しますのはアイヌ

族の祖神として仰がれる巨大神の「アイヌラックル（オキクルミ）の耳」ということであり、「tu」は「岬」でありますから、ここにいう「きさらづ」は、そのアイヌ語の「kisara・tu」からの転訛であると考えられ、その意味は、＝「アイヌラックルの・大きな耳のような形の・岬」ということであり、まさに、現実に東京湾に大きな耳のような形をして突き出ている「木更津の耳型海浜地形」にピタリと合致しており、アイヌ語系地名の典型地名の事例の一つであることがわかります。

　ちなみに、この「耳型海浜地形」の実態は、その上流域の砂土層の山地から流下する小櫃側（こひつがわ）の流れの運搬作用と東京湾の波浪によって造成された一大三角州であります。

我孫子（あびこ）［千葉県］

　「あびこ」の語源は、アイヌ語の「apir・kot」で、その意味は、＝「獣の通り道・の跡」と解されます。

　「apir・kot」の「apir」の「r」と「kot」の「t」の音は、どちらも閉音節の子音で、無声音でありますから、和人の耳には「apir・kot」が「アピコ」と聞こえたと思います。そして、アイヌ語の「apir・kot」は「abir・kot」でも通用しますので、その「abir・kot」が和人の耳に「アビコ」と聞こえたということも考えられ、それが今日の地名の「我孫子（あびこ）」となって残ったということが十分にありえることと思います。

　この「apir・kot」の地名の所在地は、利根川と手賀沼に挟まれた現在の「我孫子市」の市街地になっている台地上

だったようであり、かつてのその周辺は、利根川と手賀沼から入り組んだ大小の谷地がつらなっている荒蕪地だったと見られ、その荒蕪地の丘からその裾の谷地にかけて「apir・kot」がついていたということのようであります。
　「apir・kot」は狩猟採集を生業して暮らしたエミシの人たちの時代には、彼らの暮らしに直結する大事な地名個所で、その昔は全国各地の山野に見られた「狩場」に名づけられていた地形地名だったようであります。それが、時代が進み、和人勢力の武力による、いわゆる「蝦夷征伐（和風蔑称）」が進むなかで、彼らの開発の美名に隠れた自然破壊が公然と行われるようになり、在地のエミシの人たちの生業の場であった「狩場」としての「apir・kot」の自然の地形が次第に壊されていったものであり、その過程で、その「apir・kot」の名がいつの間にか由来不詳の謎の和語地名であるかのように見られるようになったというのが現実であろうと考えられます。
　こうして、さらに進んだ今日の首都圏のベットタウンと化した「我孫子市」の界隈には、もはや往古のエミシの人たちの時代の自然の気配が、開発の名において殆んど削り取られてしまい、アイヌ語の「apir」や「apir・kot」を思わせるような面影となる何物も見当たらない風景に変わってしまっているのが現実の姿であろうと思います。
　しかし、全国には、いわゆる「あびこ地名」と呼ばれて然るべきアイヌ語系地名が、まだほかにいくつも残っており、そのなかには、アイヌ語の「apir・kot」に由来するとはっきりと言える「あびこ」の地名もないわけではないと思うのであります。

たとえば、兵庫県の夢前町の「我孫子」は、かつて応神天皇がそこで狩りをなされたという言い伝えが残っているうえに、現にそこが今なお獣の気配がする深山の地であるとか、長野県軽井沢町の「安孫子」の辺りも、開発が大きく進んだものの、かつて源頼朝がその近くの浅間山の山麓で巻狩りをした所としての記録が残っているうえに、そこが現にシカやイノシシの姿を見かけることのできる山地であるということで、その昔の「apir・kot」の存在が偲ばれる所であると思うのでありますがいかがでしょうか。

布佐（ふさ）[千葉県]

前記の我孫子市に「布佐」の地名があり、その語源は、アイヌ語の「hur・sa」で、その発音は音韻変化を伴って「hussa」となるのが常であり、その意味は、＝「丘・の前」と解されます。

「布佐」がどこの「丘・の前」なのかと申しますと、それは現に印西市のある下総台地を「丘」と見て、その「丘・の前」ということであろうと考えられます。

ちなみに、「hur・sa」の発音は、「r」が「s」の前に出ると「s」に引かれて「s」になるという音韻変化の習わしがあり、それによって「hur・sa」が「hussa」と発音されるというわけであります。

勢多郡（せたぐん）[群馬県]

「勢多郡」は、群馬県中東部の赤城山南側斜面とその東の袈裟丸山南麓一帯を占める郡であり、その称は次のように解することができます。

「勢多郡」の「せた」は、アイヌ語の「seta・us・i」の後略の転訛で、その意味は、＝「オオカミ・群棲する・所」と解されます。

この「勢多郡」の郡名は、かつてエミシの人たちが先住し、そのエミシの人たちのテリトリー内の地で、彼らが「seta・us・i」と名付けていた地方であり、その「seta・us・i」を、大和朝廷勢力が奪取した時に、自分たちの国の新しい領土であるということで、漢字書きの「勢多」と表記するようにしたアイヌ語系の地名であると考えられます。

ちなみに、古来アイヌ族の人たちが、彼らの言葉であるアイヌ語で名付けたこの種の地名は、北海道檜山支庁の「seta・nay（オオカミの・沢）」の転訛と思われる「瀬棚」を始め、秋田県鹿角市の「seta・us・i（オオカミ・群棲する・所）」の転訛と思われる「瀬田石」、岩手県住田町の「seta・oma・i（オオカミが・いる・所）」の転訛と思われる「世田米」、東京都の「seta・谷（オオカミのいる・谷）」の転訛と思われる「世田谷」、滋賀県大津市の「seta・nay（オオカミ・沢）」の転訛であろうと思われる「瀬田川」などがあります。

印旛沼（いんばぬま）［茨城県］

「印旛沼」の「いんば」の語源は、アイヌ語の「inun・pa」で、その意味は、＝「漁師の番小屋・のそば」と解されます。したがって、「印旛沼」は「漁師の番小屋・のそばの・沼」ということになります。

かつてこの沼は隣の手賀沼などと共に古代の香取の海の海跡湖であった所とされ、古来ハクチョウやカモなどの水鳥の飛来地であり、コイやウナギなどの生息地でもある豊かな水

郷の沼として知られ、それらの獲物の狩猟や漁労が盛んだった所であり、そこに猟師や漁師の人たちの「inun（番小屋）」があったということが当然のこととして想像されます。

　ちなみに、「inun」は動詞としては「漁のために水辺に出向いて滞在する」でありますが、名詞としては「漁師の番小屋」のことを言います。

久慈川（くじがわ）［茨城県］

　「久慈川」は福島県と茨城県の県境にある八溝山を水源に福島県から茨城県に入って日立市の南端で太平洋に注ぐ川であります。

　この川の上流域から中流域にかけての川筋は、大町桂月先生が関東の「耶馬渓」と称して推奨されたとおりの奇巌怪石の渓谷美を誇る川で、県立自然公園に指定されております。

　この「久慈川」は、アイヌ語の「kuchi・un・pet」が語源と考えられ、その意味は、＝「それの岩層の崖・そこにある・川」と解されます。この場合の「kuchi（それの岩層の崖）」とは「神々の岩層の崖」ということであります。したがって、「久慈川」とは、＝「神々の岩層の崖・そこにある・川」と訳してよろしいと思います。

　もしかすると、この川の称は、＝「kuchi・kor・pet（神々の岩層の崖・を持つ・川）」であったかも知れません。「kuchi・un・pet」か「kuchi・kor・pet」か、そのどちらにしてもその大意は同じということであります。

　ちなみに、ここにいう「岩層の崖」を称する「くじ」と同類の地名事例としては、岩手県久慈市の「久慈川」、青森県の夏泊半島の「久慈ノ浜」、同東通村の「入口」などがあり

ます。

入間（いるま）[埼玉県]

「入間」の地名は、延暦 8 年 (789 年) の「日高見国侵略戦争」で日高見国の王将大墓公阿弖流為の率いるエミシ軍と戦って敗れた朝廷軍の武将のなかに「入間宿祢広成」の名が見えます。ここにいう「入間」はその「入間宿祢」の人名に由来する地名であるといわれたりしているわけでありますが、事実はそうではなく、逆に「入間」の地名が先にそこにあり、彼がその「入間」出自の武将であるということで名乗ったのが「入間宿祢」であったというわけであり、その「入間」の解釈は次のように考えられます。

「いるま」は、アイヌ語の「i・ru・oma・i」からの転訛で、その意味は、＝「恐れ多いそれの・足跡・ある・所」であり、つまり、「クマの・通り道・ある・所」と解されます。

「クマ」は、アイヌ族の人たちの「kim・un・kamuy（山・にいる・神）」でありますので、彼らにとっては、「クマ」はそれなりに恐れ多い存在だったのであります。

隅田川（すみだがわ）[東京都]

「隅田川」は、今日では「荒川」の下流域を称する川名となっておりますが、実質的にはその全流域を流れる川である「荒川」を称する古い川名であり、その全水域にはアイヌ語系地名と思われる地名が意外に多く散在する旧武蔵国の内を流れていて、ここにいう「隅田川」の称もそのアイヌ語系地名のうちの一つであるということで、次のように考えられます。

「隅田川」の「すみだ」は、アイヌ語の「sumi・ta・aun（そ

れの西方・に・入り込んでいる)」に和語の「川」が後付けされた形としてのアイヌ語系地名であり、その意味は、=「それの西方・に・入り込んでいる・川」と解されます。

この場合の「sumi」は、「sum（西方）」の第3人称形で、「それの西方」という意味であり、その実は、「武蔵の国の西方」ということであります。

ところで、このように「隅田川」が、「武蔵国の西方・に・入り込んでいる・川」であると申しますと、どうして川がそのように海から山に向かって流れているかのような言い方をするのかと不審に思われる向きもあるかと思うのでありますが、本来豊漁の川の川口やその近辺の海辺に住み、漁労採集を生業とする海の民としての生活の多かったアイヌ族の人たちにとって、「川は海から陸地の入口（川口）を経て山の奥の方に入り込んでいるもの」という観念的認識を身につけていたもののようであり、彼らにとって「隅田川」は「武蔵国の大地の入口（川口）から北の武蔵野に向かって遡上し、その北辺を反時計回りに回って西の秩父盆地の奥深くに入り込んでいるもの」というように認識していたというわけであります。彼らがこのようなものの見方に立って川を観察するかぎり、この川は、その名のとおり、「それ（武蔵国）の西方・に・入り込んでいる・川」そのものであるということになるわけであります。

田無（たなし）[東京都]

「田無市」は、東京都の中央部西郊に開発された住宅都市で、住宅整備公団造成のひばりヶ丘団地ほかの住宅団地が多いことで知られています。

「たなし」の地名由来は、台地の上に拓かれた乏水性の土地で、水田がないということで名付けられたように説明されたりしていますがどうでしょうか。

筆者の観察では、この地名はそのような和語地名ではなく、次のようなアイヌ語系地名であると思います。

「たなし」の語源は、アイヌ語の「tanas・i」で、その意味は、＝「高くなっている・所」と解され、なだらかな丘陵地などのことを称する地形地名であると考えられ、現地の地形にマッチします。

高尾山（たかおさん）[東京都]

八王子市に「高尾山」があります。同名の山は秋田県由利本荘市にもあり、そちらの方の「高尾山」は、その形がヘルメットを伏せたような形の見るからに「円形孤山」でありますが、ここに言う八王子市の「高尾山」の方はと申しますと、「円形孤山」にしてはいささか物足りない感じのするありふれた山容の山のように思われます。しかし、見上げる場所によっては、およそ「円形孤山」と見えるということで、繰り上げ当選というわけで、「tapkop」と呼ばれるようになったということにしてよろしいのではないでしょうか。

「円形孤山」は別に「たんこぶ山」とも呼ばれ、知里真志保先生は、御著地名アイヌ語小辞典に、「tapkop」の称は「tap・ka・o・p（肩・の上・にある・もの）」がルーツであろうと説明しておられます。

「tapkop」の典型地名としては、北海道の静内町の「tapkop」、青森県田子町の「田子（たっこ）」、秋田県比内町の「達子（たっこ）森」、岩手県葛巻町の「田子（たっこ）」、

宮城県大衡村の「達居（たっこ）森」と「女達居山」、福島県二本松市の「田子（たつご）山」、そして、より南の茨城県高萩市の「田子（たつご）山」等があります。

　ここにいう、いわゆる「たっこ地名」は、北東北では、およそ「たっこ」と呼ばれていますが、南東北も福島県まで南下すると「たつご」と呼ばれています。しかし、その語源は何れも同じアイヌ語の「tapkop」で、次のように音韻変化を伴って話されております。

　「tapkop」の第一音節末の「p」は、次に続く第二音節頭の「k」に引かれて「k」となり、その発音は「takkop」になり、第二音節末の「p」は、閉音節の「p」であり、和語の「プ（pu）」などのように尻に母音が付く開音節ではないので、その「p」の音は、ほとんど聞き取れず、「takkop」が「タッコ」と聞こえるというわけであります。

秩父（ちちぶ）［埼玉県］
　一般に、埼玉県の「秩父」の地名由来は何かと尋ねると、当地方に「乳房の形をした鍾乳石」が多く見られる鍾乳洞があるということで名づけられた地名であるとか、同じくこの地方に「乳の木」とも呼ばれるイチョウの木が多くあるということで名づけられた地名であるとかの答えが返ってきます。しかし、それはこの地方にかつてアイヌ語族であったエミシの人たちが先住していたことを無視するか、その知識のない人たちによって話される思いつきの解釈であり、「はいそうですか」とそのまま受け入れるわけにはいきません。

　そこで提示したいのは次のような三通りのアイヌ語系地名としての解釈の候補でありますが、そのうちのどれか一つが

141

本命の解釈であるということになると思うのであります。
① 「ちちぶ」の語源は、アイヌ語の「chi・e・chep・kar・us・i」の後略の「chi・e・chep」で、その意味は、＝「我ら・そこで・魚を・いつも獲り・つけている・所」と解されます。ここで「chep」を「魚」と訳しましたが、これを「食物」と解してもよろしいわけであります。「chep」が魚だとすると、それは「ハヤ」、「アユ」、「ウナギ」、「カニ」、「エビ」などだったと思います。それが「食物」だとすると、それは古代エミシの漁労の獲物である前記の魚のほか、彼らの山野の狩猟の獲物であるクマ、シカ、イノシシなどが挙げられ、採集の対象物としてのクリやクルミやドングリ、それに山菜やキノコなども考えられます。このように、秩父盆地周辺の山や川の獲物となると、数えるに暇がないほどであり、この地方は狩猟採集の暮らしを生業とする古代のエミシの人たちにとっては、格別に恵み豊かな天与の大地だったのであります。
② 「ちちぶ」の語源は、アイヌ語の「chi・e・chip・kar・us・i」で、その意味は、＝「我ら・そこで・舟を・いつも造り・つけている・所」とも解されます。ところが、この場合の「chi・e・chip」の「e」は省略して話すこもができますので、＝「chi・chip・kar・us・i」となり、それがさらに後略される形で、＝「chi・chip」と呼ばれる地名となっていたということも十分に考えられます。ちなみに、アイヌ族の人たちは、丸木舟を造るときに、山に入って舟に適したカツラの木など木質の良い大木を見つけ、それを切り倒してその場で加工して出来上がった舟をみんなで担いで自分たちのコタンの川や港に運び、舟降ろしの儀式（進水式）を執り行って進

水させたといわれています。
③「ちちぶ」の語源は、アイヌ語の「chi・chip・e・kari・us・i」で、その意味は、=「我ら・舟を・そこで・いつも回し・つけている・所」とも解されます。この場合の「chi・chip・e・kari・us・i」というのはどういう所のことかと申しますと、知里真志保先生の地名アイヌ語小辞典によれば、「舟を海から山の川へ、あるいは一つの川から他の川へ、かついで越す（回す）所」というように説明されておられます。しかし、ここにいう「chi・chip・e・kari・us・i」の意味は、そこを流れる荒川を丸木舟で遡る場合に、舟底が河床に閊えるとか、滝の断崖に突き当たるとかして、これ以上は舟を上流に進めることができない地点で、「舳を回して下流に引き返さなければならない所」のことを意味する地名であると考えるのがよろしいと思うのであります。ただし、この場合も便宜上後略されて、その地名が「chi・chip」になり、それから転訛して「秩父」と表記されて埼玉県の「秩父市」の市名などに転移して残っているということだろうと思うのであります。

寄居（よりい）[埼玉県]

秩父山地から流れ下り、秩父盆地を潤す荒川水系の域内の大自然は、その昔から、山の幸、川の幸に恵まれた豊かな土地で、狩猟採集を生業とするエミシの人たちにとっては、まさに豊猟かつ大漁で、しかも豊饒の地でもあった所と考えられます。

このことを物語るのが、前記の「秩父」、「入間」、それにここにいう「寄居」、そして後述する「風布」などのアイヌ

語系と思われる古地名であります。

　ここに言う「よりい」の語源は、アイヌ語の「iwori」で、その意味は、＝「神々のおられる所」、つまり「神々の恵み多い所」であり、これをわかりよい和語に換えて言い直しますと、「豊猟の狩場」とか「大漁の漁場」になります。

　ちなみに、「iwori」は「iwor（狩場）」の第3人称形で、「それの狩場」で、ここでは、つまり「神々の狩場」ということであります。

　アイヌ語では、話す対象が「恐れ多いもの」、「聖なるもの」である場合には、それが「恐れ多いもの」、「聖なるもの」であるということで、そのものの名をストレートに言うことを憚って指示代名詞「i（恐れ多いそれ）」を用いて話すことが多いわけであります。

風布（ふうぷ）[埼玉県]

　皆野町と寄居町とを結ぶ道路の道筋の山中に「風布」の地名があります。

　この「ふうぷ」の語源は、アイヌ語の「hup・us・i」の後略の「hup」で、その意味は、＝「マツの木が・群生する・所」と解されます。

　現代アイヌ語である北海道のアイヌ語では「トドマツ」が「hup」でありますが、その昔本州に住んでいたアイヌ族であったエミシの人たちのいう「hup」は「アカマツ」とか「クロマツ」のことであり、広義には「常緑樹」という意味だったようであります。

武蔵（むさし）[東京都・埼玉県・神奈川県]

「武蔵」は、旧国名の「武蔵国」の称でありますが、現に「武蔵野」の地名としても知られております。

「むさし」は、アイヌ語の「musa・us・i」→「musasi」からの転訛で、その意味は、=「イラクサ・群生する・所」と解されます。

「イラクサ」はアイヌ語で「hay」ですが、所によって「musa」、「muse」、「mose」、「mosi」などとも言い、その繊維で布を織り、着物に仕立てて着ます。これがオヒョウの樹皮の繊維で織られる厚司の布と共にアイヌの人たちの二大織物であります。

多摩川（たまがわ）[山梨県・東京都・神奈川県]

「多摩川」の「たま」の語源は、アイヌ語の「tomam」で、その意味は、=「湿地」であります。

したがって、「多摩川」は、これに「川」を意味する「nay」または「pet」を後付けした形で、「tomam・nay」、または「tomam・pet」と書き、その意味は、=「湿地の・川」ということだったと思います。

一般に、「たまがわ」と呼ばれる川の川原に行けば、貴石や宝石を意味する「玉」が拾えるということで名づけられている「玉川」の地名もあるのですが、ここにいう「多摩川」は、そうではなく、アイヌ語の「湿地の・川」を意味する「tomam・nay」、または「tomam・pet」からの転訛地名であるというわけであります。

どうして「湿地の・川」なのかと申しますと、この川はその中・下流域の南側一帯にアシなどが生えた低平な湿地が広がっており、そのアシが生えている低平な湿地帯を流れる川

ということで、このように名づけられたものであろうと考えられ、これをアイヌ族の人たちのセンスを借りて言い換えますと、「湿地（の方）を流れている川」ということになります。

鍋割山（なべわりやま）[神奈川県]

「鍋割山（1,273m）」は丹沢山地の一峰であります。

「鍋割山」、「鍋割峠」など、いわゆる「鍋割地名」と呼ばれる地名は全国各地にありますが、ここに採りあげる丹沢の「鍋割山」もその一例であり、次のように解されます。

「鍋割山」の「なべわり」の語源は、アイヌ語の「nam・pe・uwari・i」→「nmpuwari」で、その意味は、=「冷たい水が・生まれる・所」であります。

アイヌ族の人たちにとって、私たち人間が毎日飲んでいる水は、私たちがその日その日を生きるために欠かすことのできない有難い「kamuy・wakka（神の恵みの・水）」であり、「kamuy・tope（女神の恵みの・乳）」でもあるという認識をもっていました。したがって、ここにいう「nam・pe・uwari・i（冷たい水が・生まれる・所）」と表現される「山」と申しますのは、「sisam（和人）」の意識のなかにあるようなただの「山」というようなものではなく、彼らアイヌ語族の人たちがより感謝と崇敬の情念を込めて仰ぎ見ている存在としての、いわゆる、「nupur・i（霊験あらたかなる・者）」としての「nupuri（山）」で、「kamuy・sir（神の・山）」としての有難い存在なのであります。

伊豆半島（いずはんとう）[静岡県]

エミシの人たちの時代の「伊豆半島」の呼称は、アイヌ語の「kamuy・inkar・us・etu」であったと推定され、その真意は、＝「神々が、そこで・いつも見張りをしている・岬」と解されるのですが、これが通常の会話では簡略にされて、「i・etu（聖なるそれの・岬）」と呼ばれていたと考えられ、その「i・etu」に和語の「半島」を後付けした形の称が「伊豆半島」であるというわけであります。

佐久間（さくま）[静岡県]

天竜川中流域の「佐久間町」の「佐久間」の周辺は天竜奥三河国定公園で知られる自然豊かな景勝の地でありありますが、そこは、その昔のエミシの人たちの「kas（狩小屋）」なども建ててある本格的な「iwor（狩場）」の山村だったと所と思われ、次のように考えられます。

「さくま」の語源は、アイヌ語の「sat・kuma・us・i」の後略の「sat・kuma」→「sakkuma」で、その意味は、＝「肉干し・竿・多くある・所」と解されます。

「肉干し・竿」には、「クマの肉を干す・竿」のことをいう「kamuy・kuma」、「シカの肉を干す・竿」のことをいう「yuk・kuma」、それに「魚の肉を干す・竿」のことをいう「chep・kuma」などがあります。

諏訪（すわ）[長野県]

諏訪湖、諏訪市、諏訪郡、諏訪大社等で知られる「諏訪」の地名の語源は、アイヌ語の「si・iwa」であると考えられます。

ただし、この場合の「si」は「偉大なる」で、「iwa」は「i・iwak・i」が短縮された形で、「それが・住む・所」と解され、

合わせてその意味は、＝「偉大なる・それが・住む・所」であります。

したがって、「諏訪」の語源のルーツは、アイヌ語の「si・i・iwak・i」から転訛した形としての「si・iwa」であり、これが通常の会話では連声して「siwa」と発音されます。

ところが、この場合の「i（それ）」が「神」のことを指すと思いますから、その解釈は、＝「偉大なる・神・住み賜う・所」ということになります。

どうしてこのように解されるのかと申しますと、その手がかりとなるのは「諏訪大社」の上社の本宮に、他の一般の神社に見られるような神殿はなく、本宮所在の周辺の山林をもって「神鎮まり賜う聖地」として信仰されていることであり、この事実は古代のアイヌ族であったエミシの人たちの信仰する「山」＝「神住み賜う所」と考える彼らの神霊観に合致するところであり、この点奈良県桜井市の三輪山のそれに共通するわけであります。

そして、さらに諏訪大社の上社の祭神とも言われるタケミナカタが出雲のオホクニヌシの息子であるとされ、彼は高天原から派遣されたタケミカヅチノオの出雲の国の国譲りを求める強談判の申し入れに対して、最後まで反対し、抵抗した結果、タケミカヅチオの怒りをかって戦いとなり、敗走して信濃国の諏訪湖の畔まで追い詰められたところで降伏し、信濃国から決して他所には出ないという誓約をして何とか許されたということが「先代旧事本紀」に書かれてあります。このことは前記の「諏訪」の地名のアイヌ語地名説と相俟って、彼は大和朝廷勢力の侵攻に抵抗して戦ったエミシのクニの勇将であったことを物語るものとして考えることができるわけ

であります。

苗場山（苗場山）[新潟県・長野県]

　「苗場山（2,145m）」は、新潟県と長野県の県境にある国際スキー場のある所として世に知られています。

　「苗場山」の「なえば」の語源は、アイヌ語の「nay・pa」で、その意味は、＝「川・の上手」であり、「川・の水源」と解してよろしいと思います。したがって、「苗場山」は、＝「川・の水源の・山」ということになります。

五十嵐川（いからしがわ）[新潟県]

　「五十嵐川」は越後山脈の守門岳に発する守門川と、烏帽子山から流れ出る大谷川とが合流して三条市内で信濃川に注ぐ川でありますが次のように考えられます。

① 「五十嵐川」の「いからし」は、アイヌ語の「inkar・us・i」→「ikarusi」からの転訛で、その意味は、＝「いつも見張りをしている・もの（山）」と解されます。

　この解釈は金田一京助先生によるものであり、多分デスクワークで推理された見方であろうと思いますが、これを山田秀三先生がご自身の足で踏査されたうえで次のように発表されました。

　先生は、「五十嵐川」の川下の右岸に見えている「要害山」と呼ばれる小山こそが金田一先生のおっしゃる当の「inkar・us・i」の山に違いない。そして、「五十嵐川」の称はその山の名の「inkar・us・i」から転移したものであろうと示されました。

　それ以来、山田先生のこのご解釈が通説となっておる現

状にあるようであります。
　山田先生のこのお説のことを、便宜上①の「五十嵐の見張り山説」と呼ぶこととして以下に話を進めさせていただきます。しかし、この①の説がこの地名解釈の通説だと言い切ってよろしいものでしょうか、そこには、別に次のような②の解釈もあると考えられるわけであります。
②「いからし」の語源は、アイヌ語の「ika・ra・us・i」が音韻変化した形としての「ikarasi」で、その意味は、＝「氾濫する・低所・多い・もの（川）」と解されます。
　この②の説は、いわば「五十嵐の洪水多発川説」と呼ばせていただきますが、さらにそのほかに、次のような解釈もあると考えられます。
③「いからし」の語源は、アイヌ語の「ika・ru・us・i」で、その意味は、＝「越える・道が・ついている・所」で、これを言い換えますと、＝「峠道が・についている・所」と受け止められます。
　つまり、そこに三条市から越後山脈の分水嶺を越えて福島県の只見町に至る鞍掛峠越しの古道があることを指す意味としてのこのような解釈であると思うのであります。この③の説は、②の説の「五十嵐の洪水多発川説」に対する「五十嵐の峠道説」と呼ばせていただきます。
　ということであり、ここにいう「五十嵐川」の「いからし」の称には、①の「見張り山説」という有力説があるわけでありますが、そのほかに、②の「洪水多発川説」もあり、さらにそれに加えて、③の「峠道説」もあるというわけであります。ことに、「五十嵐川」が過去に度々大洪水を起こした経歴を持つ昔ながらの「洪水多発川」であるという事実は歴然

としており、そのことを付加して思うとき、筆者としてはこの②の「洪水多発川説」に強く心を惹かれるのでありますがいかがでしょうか。

能登（のと）[石川県]

　「能登」は能登半島を占める旧国名の「能登国」の「能登」であり、そのルーツはそこにある七尾三湾の内海を指すアイヌ語地名としての「noto（凪)」にあると考えられます。そしてその「noto」の原型は「no・to（よい・海）」であるというところから、次のようにも説明することができると思います。

　「のと」の語源は、アイヌ語の「no・to」で、その意味は、＝「凪の・海」になります。

　これは冬の厳しい北西風に煽られて押し寄せる強い波を背中に受け止める形にして、僅かに東に湾口を開いている陸地が、静かな「凪の内海」を大事に包むようにして護っている形をしている「七尾三湾」を指しているアイヌ語系地名にほかならないと思います。このように、「七尾三湾」は四囲を陸地と島に囲まれた見るとおりの波静かな内海であり、文字通りの「no・to」＝「凪の・海」そのものであります。

称名滝（しょうみょうだき）と称名川（しょうみょうがわ）[富山県]

　富山湾に注ぐ成願寺川の支流に「称名滝」で知られる「称名川」が流れております。ここに言う「称名滝」や「称名川」の「称名」とは何かと申しますと、それは次のように解されます。

①「称名滝」の語源は、アイヌ語の「syo・moye・oo・i」で、

その意味は、=「滝・それの淵・深くある・もの」になります。
したがって、
② 「称名川」は、「syo・moye・oo・nay」で、=「滝・それの淵・深くある・川」と解されます。

黒部（くろべ）［富山県］

「黒部峡谷」の「くろべ」の語源は、アイヌ語の「kur・ot・pe」が音韻変化した形としての「kuroppe」で、その意味は、=「神々が・群居する・所」と解されます。

アイヌ語では「山」は「神々が住み賜う聖なる所」であると同時に、「山」そのものが「聖なる神」としての存在であります。

古いアイヌ語で「kur」は「kamuy」と同じ「神」と読み換えることができ、「山」も人々に諸々の恵みを分かち与えてくださる有難い「神」としての存在でありました。

日本アルプスと呼ばれる飛騨山脈の立山連峰と後ろ立山連峰の山地の中を流れる黒部川水系の水域内には、高さ数百メートルにも及ぶ深い渓谷が刻まれ、その渓谷の両側に2,000mから3,000mにも達する峻険な山々が屹立しており、古代エミシの人たちの目に映ったその自然の造形の景色は、そこにある山々の一峰一峰が、無条件に有難い存在としての、まさに「kamuy（神）」であったということであります。

アイヌ語族である古代エミシの人たちの信仰では、奈良の「三輪山」が今でもそうであるように、「山」は、「山そのもの」がそのまま「恐れ多い神格」として認識され、崇敬されておりました。

庄川（しょうかわ）［富山県・岐阜県］

「庄川」は飛騨山地の烏帽子岳（1,625m）を発して岐阜県の荘川村、白川村、富山県の上平村、平村から「庄川町」を経て新湊市で富山湾に注ぐ川でありますが、その名の「庄川」は次のように考えられます。

「庄川」の語源は、アイヌ語の「syo･nay」で、その意味は、＝「滝の・川」と解されます。

この川のどこに「滝」があるかと申しますと、富山県の上平村に「大滝」と呼ばれる「滝」があり、その川上の岐阜県の白川村にも「白水滝」や「小白水滝」などと呼ばれる名の知られた「滝」があります。

比良（ひら）［滋賀県］

滋賀郡志賀町の後背を南北に走る「比良山地」の東麓が「急崖」となって琵琶湖に没しており、その「急崖」を横から削って谷川となって流下しているのが「比良川」であり、その川尻が「北比良」の集落の所で琵琶湖に注いでいます。

この地の地名の「ひら」は、アイヌ語の「pira」からの転訛で、その意味は、＝「崖」と解され、現地の地形に合致します。

三輪山（みわやま）［奈良県］

筆者は予てから日本古代史の謎を解くキーの一つに桜井市の「三輪山（467m）」があると見ており、その端緒となるのが「三輪山」が次のようなアイヌ語系地名であるということ等からであります。

「三輪山」の「みわ」の語源は、アイヌ語の「mo･iwa（小さな・聖山）」でありますが、これが通常の会話では音韻変

化を伴って「miwa」と発音され、その「miwa」に和語の「山」を後付けしたのが、すなわち、ここにいう「三輪山」であると考えられます。

そして、その「mo・iwa」→「miwa」がそのままアイヌの人たちの「神を祀る幣壇の小山」を称する「chi・nomi・sir（我ら・祀る・山）」の意味に合致します。加えて、その「三輪山」には現に神殿がなく、「山」そのものが、=「神鎮まり賜う聖地」とされており、これはそのままアイヌ族であったエミシの人たちの神霊観に合致します。

巻向（まきむく）[奈良県]

桜井市の「巻向」の古綴は「纏向」で、古墳時代最古の遺跡として世に知られておりますが、そのルーツはアイヌ語系地名であろうと考えられ、次のように解されます。

「まきむく」の語源は、アイヌ語の「mak・un・muk・i」→「makummki」の転訛で、その意味は、=「奥・にある・行き止まり・の所」になります。

この地名は付近の地形から見て妥当な称であると考えられます。

斑鳩（いかるが）[奈良県]

「いかるが」の語源は、アイヌ語の「ika・ru・ka」で、その意味は、=「越える・道・の上」、つまり、「峠道・の上」と解されます。

この地名も付近の地形にマッチする妥当な称であるということがができます。

このように、「いかるが」が「三輪山」とともにアイヌ語

系の古い地名であるということは、そこに最初に古代の国を建てた人たちと申しますのは、渡来人王朝の人たちではなく、そこにその前から先住していたアイヌ語族であるエミシの人たちであったろうということになり、そこは魏志倭人伝にある邪馬台国の人たちの故地ではなかったか、そして魏志倭人伝にある女王卑弥呼はエミシ系の女性だったということになると思うのでありますがいかがでしょうか。

出雲（いずも）［島根県］

「出雲」は現在の「出雲市」の市名で、かつては山陰道8国のうちの1国である旧国名の「出雲」の称としても世に知られています。

「いずも」は、アイヌ語の「en・rum（尖った・岬）」からの転訛で、その意味は、＝「出崎」と解されます。

この場合の「出崎」とはどこの「出崎」のことかと申しますと、それは簸川郡大社町の「日御碕（ひのみさき）神社」のある所として知られ「日御碕」を指す称であると解されるわけであります。

「en・rum」は、アイヌ語系地名の「えとも」や「いずみ」に転訛して残っている事例の多い地名であります。たとえば、北海道室蘭市の「絵鞆半島」の「えとも」や岩手県平泉町の「ひらいずみ」の「いずみ」などがそれであり、何れのケースも「岩層の崖の険しい出崎」か、または、そのような「出崎状尾根頭」のことを指しています。

稲佐（いなさ）［島根県］

日本神話にあるスサノオの宮殿のある所の前の浜が現にあ

る「稲佐の浜」だったとされております。そうだとすると、その「稲佐の浜」の「いなさ」は次のように考えられます。

「いなさ」は、アイヌ語の「inaw・san」からの転訛で、その意味は、＝「幣壇」と解されます。

ということは、スサノオの宮殿は「稲佐の浜」を前にして建っていたということになり、そこにアイヌ族の人たちの「kamuy（神）」を祀る「inaw・san（幣壇）」が設けられてあったということのように解されます。

そこにアイヌ族の聖地を意味する「幣壇」があったということは、そこは、その昔のエミシの人たちの霊験あらたかな所である「kamuy・hechiriko・hox（神々が・集まって歌い踊る・所）」だったと考えられ、毎年神無月になると全国の神々が出雲国に集まるという故事の伝えに符合するエミシ族の国の最高の聖地だった所として考えられるのでありますがいかがでしょうか。

「出雲」や「稲佐」がアイヌ語系地名であるということは、出雲族はエミシ族と信仰や言語習慣を共にする同族の間柄の人たちであったということになり、はっきりと申しますと、出雲族は大和族ではなく、当のエミシ族そのものだったということになると思うのでありますがいかがでしょうか。

宍道湖（しんじこ）[島根県]

島根県東部を占める出雲地方は古代日本の政治・宗教の中心地で、出雲の国の神話の舞台であり、その中央にある湖が「宍道湖」であります。

「宍道湖」は、アイヌ語の「sinrit」に和語の「湖」が後付けされた形で、その意味は、＝「父祖代々我ら（出雲族）が

住んできた・湖」と解されます。

　「sinrit」の原意は「先祖」とか「根」でありますが、この場合のようにその語尾に「湖」を後付した形で「sinrit・to」と書きますと、＝「父祖代々我ら（出雲族）が住んできた・湖」という意味になります。

　ここで、アイヌ語で「父祖代々我ら（出雲族）が住んできた・湖」と称しているからには、そのように言う話者たち自身が、「自分たちは『アイヌ語を話す同胞である』ということと『宍道湖を生活基盤に持つ同胞である』という二面の情報を自らスピークしているということであり、出雲の国がアイヌ族の住む国であるという重大な事実を物語っているということとして受け止められます。

恵曇（えとも）と犬堀鼻（いぬぼりばな）［島根県］

　島根半島北岸の鹿島町に大字名の「恵曇町」があり、そこに「犬堀鼻」と呼ばれる岬が突き出ています。この二つの地名について次のように解釈されます。
① 「恵曇（えとも）」の語源は、前記「出雲」と同じアイヌ語の「en・rum(エン・ルム)」で、その意味は、＝「尖った・岬」と解され、そこにある「犬堀鼻」を称するアイヌ語系地名であると考えられます。
② 「犬堀鼻」の「いぬぼり」の語源は、アイヌ語の「inun・po・or」→「inunpor」で、その意味は、＝「漁師の番小屋・の（ある）所」と解されます。したがって、「いぬぼりばな」は、アイヌ語の「漁師の番小屋・の（ある）所の・岬」であります。
　ということは、「恵曇」と「犬堀鼻」とは同一か所の同一

岬を指すアイヌ語からの転訛地名であるということになります。

佐太（さだ）[島根県]

鹿島町に旧村の村名だった「佐太」があり、「佐陀」とも表記されます。この「佐太」もアイヌ語からの転訛地名で、次のように解されます。

「さだ」の語源は、アイヌ語の「sar・uta」で、連声して「saruta」と発音され、その意味は、＝「アシ原の・砂浜」と解されます。

ちなみに、出雲市の南西に「佐田町」がありますが、そちらの方の「さだ」の語源は、鹿島町の「佐太」とは同音ではありますが、その場所と立地条件の異なる内陸地名としての「さだ」でありますので、その意味は、おそらく「アシ原の・砂地」で、わかりよく言い換えると「砂地の・アシ原」であろうと考えられますがいかがでしょうか。

吉野（よしの）[奈良県]

南北朝時代の南朝の所在地であり、サクラの名所として有名な「吉野」の語源は、アイヌ語の「i・us・nup」が音韻変化した形としての「iyusnup」からの転訛で、その意味は、＝「聖なるそれ（サクラ）が・群生する・野原」と解することができます。

「iyusnup」の発音は、和人の耳に「イュシヌ」と聞こえたということで、その表記がこのように和語の「よしの」になったということのようであります。

仁淀川（によどがわ）[高知県]

　愛媛県の石鎚山脈の南面から発する面河（おもご）川が南東流して高知県に入って「仁淀川」となり、土佐市の市街地の東側を流れて土佐湾に注ぎます。

　この「仁淀川」の語源は、アイヌ語の「ni・ot・nay」が音韻変化した形としての「niyotnay」からの転訛で、その意味は、＝「流木・多くある・川」と解されます。

　この川の流域は、今日でもそうであるように、その昔から豊かな森林地帯だったようであり、ひとたび台風などによる出水や融雪期の増水時には、「仁淀川」に流木が多く流れ出て、曲流地の岸などに打ち寄せられている光景が見られたもののようであり、それを称して名づけられたのがここにいう「ni・ot・nay」であり、それが音韻変化した形としての「niyotnay」だったということのようであります。

宇佐（うさ）[高知県]

　「宇佐」は土佐市の内浦の入口に位置する入江で、鰹節加工で有名な「宇佐漁港」で知られています。

　「うさ」の語源は、アイヌ語の「us・sa」が連声した形としての「ussa」で、その意味は、＝「入江の・前浜」と解されます。

　この地名は現在の現地の地形によくマッチしています。

四万十川（しまんとがわ）[高知県]

　「四万十川」の語源は、アイヌ語の「summan・to・ne・pet」で、その意味は、＝「西方にある・海・のような・川」と解されます。

これは、関東にある「利根川」が「menas・wa・an・to・ne・pet」＝「東方・に・ある・海・のような・川」の語頭が省略された形としての「to・ne・pet」であるのに対し、四国にある「四万十川」は、「summan・to・ne・pet」の語尾が省略された形としての「summan・to」から転訛した「しまんと」であるというわけであります。

　つまり、関東の雄なる川で、「坂東太郎」の雅号で呼ばれる「利根川」や、「四国三郎」の雅号で呼ばれる四国の東部の「吉野川」などに対し、それらに勝るとも劣らない四国の西部を流れる大河ということで、古来このように称されたということのようであります。

足摺岬（あしずりみさき）[高知県]

　四国の西南の岬が足摺岬で、足摺宇和海国立公園の観光スポットとして知られております。

　「足摺岬」は、アイヌ語の「as・sir・etu」の後略の「as・sir」からの転訛の「あしずり」に、和語の「岬」が後付けされた形としての「足摺岬」で、その意味は、＝「屹立する・懸崖の・岬」と解されます。

筑紫（ちくし・つくし）[九州]

　「ちくし」の語源は、アイヌ語の「chi・kus・i」ですが、この語は連声して「chikusi」と発音され、その意味は、＝「我ら・越え行く・所」と解されます。

　つまり、これは「本州から関門海峡の海を越えて九州に渡る所」というアイヌ語からの転訛地名であると考えられます。

博多湾（はかたわん）[福岡県]

「博多湾」の「はかた」の語源は、アイヌ語の「hak・uta」で、その意味は、「浅い・砂浜」と解されます。

この地名のルーツは現在の博多湾の東部に位置する「海ノ中道」と呼ばれる砂州の岬に囲まれた波静かな内海のことを、かつてそこに住んでいた古代のエミシの人たちがこのように「hak・uta」→「hakuta」と呼んだと考えられます。

この「hakuta」から転移したのが「博多湾」の「博多」の称であると思います。砂州の岬に囲まれた遠浅の砂浜の入江である「博多湾」は、貝や魚の豊かな漁場であるとともに、古代のエミシの人たちの丸木舟や笹葉舟の恰好な船係の入江であり、便利な舟引き場の砂浜でもあったということのようであります。

庄内（しょうない）[宮崎県]

都城市に大淀川の支流の「庄内川」があり、かつてここに旧町制の「荘内町」があって、昭和40年に都城市に編入されたということのようでありますが、地名としては「庄内」の表記で「庄内川」の川の名と共に現在に残っております。

その「しょうない」の語源は、アイヌ語の「syo・nay」で、=「滝の・川」を意味します。

ここで「滝の・川」と申しますのは、この地に「庄内川」が流れており、その中流域に「関ノ尾の滝」と呼ばれる名の知れた「滝」があります。ここにその「滝のある川」があるということで、古代エミシの人たちによって名づけられたのがここにいう「syo・nay」の地名であるということであります。

このように九州の宮崎県南の地にたしかなアイヌ語系地名であると思われる「庄内（syo・nay）」の地名が現存し、それに見合った「滝」があるということは、その昔、ここにアイヌ語を話すエミシの人たちが確かに住んでいたという証となるものであると同時に、記紀などの古い記録に見えるこの地方の住人であった「熊襲」や「隼人」がアイヌ語族であったということを示唆するものであります。

阿蘇山（あそさん）[熊本県]

　熊本県の「阿蘇山」は阿蘇くじゅう国立公園内の活火山として知られております。

　「阿蘇山」の「あそ」の語源は、アイヌ語の「as・so」で、その意味は、＝「屹立する・噴火口」と解され、これに和語の「山」を後付けされた形が、すなわち、「阿蘇山」であるという解釈もありますが、筆者としては、次のように解するのがよりたしかな解釈であろうと思っておるところであります。

　「阿蘇山」の「あそ」の語源は、アイヌ語の「a・so」で、＝「燃える・噴火口」と解されます。したがって、「あそさん」は、アイヌ語の「a・so・nupuri」で、その意味は、＝「燃える・噴火口の・山」ということになります。

由布（ゆふ）[大分県]

　「由布市」の「由布」の古綴は豊後風土記にある「柚富（ゆふ）」でありますが、現在「由布」と表記し、「由布市」の市名のほか市内の山や川や盆地などの称にもなっています。

　「由布」の地名由来は、この地の「由布院盆地」がご幣の

先につける木綿（ゆう）の産地であるということで、この地の地名がこのように「木綿（ゆう）」と呼ばれるようになったと伝えられているようであります。

ちなみに、「木綿（ゆう）」はコウゾの樹皮からとった繊維のことであり、現在はご幣の先につける紙質の繊維の房のことであります。

筆者としては、「由布」はその読みや現地の地形等から按じて、和語系地名ではなく、次のようなアイヌ語系地名であろうと考えておるわけであります。

「ゆふ・ゆう」は、アイヌ語の「yu・hur」からの転訛で、その意味は、＝「湯（温泉）の・丘」と解されます。

「由布の地」は、およそ標高480mの高所に連なって湧く泉源600か所を数える一大温泉郷であり、文字通りの「yu（温泉）の・hur（丘）」そのものであります。

九重山（くじゅうさん）[大分県]

阿蘇くじゅう国立公園に属する名峰に「九重山」があります。この「九重山」は次のように二通りに考えられます。
① 「九重山」の「くじゅう」の語源は、アイヌ語の「kut・hur」で、その意味は、＝「岩層の崖の・丘」と解されます。
② 「九重山」の「くじゅう」の語源は、「chi・kus・hur」の語頭の「chi」が省略された形としての「kus・hur」で、その意味は、＝「我ら・越え行く・丘」と解されます。

上記の①と②の解釈のどちらが本命かとなりますと、そのどちらもが本命であるように考えられます。つまり、「九重山」は、「岩層の崖の丘」でもあり、「我ら・越え行く・丘」でもあるということのようであります。

志布志（しぶし）[鹿児島県]

「志布志」の語源は、アイヌ語の「sup・us・i」で、その意味は、＝「ススキが・群生する・所」と解されます。

「志布志」は日南海岸の一角で、「志布志湾」に面する砂浜の上手に接する「masar（浜の草原）」にその語源があると思います。

その昔、そこにススキのグリーンベルトができていて「sup・us・i」の称で呼ばれていたと考えられ、その「sup・us・i」から転訛したのが現在の地名の「志布志」であります。

指宿（いぶすき）[鹿児島県]

「いぶすき」は、薩摩半島東側突端の鹿児島湾口沿岸にある旧郡や現在の市の称となっている地名で、旧郡名は「揖宿郡」と書き、現市名は「指宿市」と書かれています。

この「いぶすき」の地名のルーツは、そこにある九州一の湖である「池田湖」とそのすぐ隣にある「鰻池」に関わって名付けられたアイヌ語地名にあると考えられ、その語源は次の①と②にかかわる意味としての称であるということができます。

①アイヌ語の「ipe・us・kim・un・poro・to（魚が・群生する・山寄り・にある・親である・湖）」で、つまり、「池田湖」のアイヌ語名。

②アイヌ語の「ipe・us・pana・wa・an・pon・to（魚が・群生する・海寄り・にある・子である・池）」、つまり、「鰻池」のアイヌ語名。

これら二つの湖沼がある所ということで、その「親である湖」と、その「子である池」との関連の許に、「池田

湖」の湖名の後略の形をとって、この地方の地名を「ipe・us・kim」と称し、それが会話の上で、音韻変化を伴って「ipuskim」と発音され、その「ipuskim」から転訛して今日の地名である「いぶすき」となったということのように考えられます。

　このように南九州には、都城市の「庄内」、志布志市の「志布志」、指宿市の「揖宿」をはじめ「種子島」、「屋久島」など、意外に多くのアイヌ語系地名と思われる古地名が多く残っており、これらの地名は、その昔、この地方に住んでいた人たちが残したものであるということであり、安易には否定できない既成の事実であります。これを名づけた人たちは誰かと申しますと、ほかでもないその昔の「熊襲・隼人」の人たちであるということになり、その人たちはアイヌ語族であり、そのアイヌ語族である彼等が南九州にアイヌ語系地名を残したということになるわけであります。なかんずく大隅半島の地は「襲の国」と言い、熊襲の人たちの故郷だったと伝えられておるわけであり、熊襲がアイヌ語族だったということの証ともなる事実として考えられるわけであります。

種子島（たねがしま）[鹿児島県]

　種子島は大隅半島の南 40km の所にある南北に細長い形をしている島で、日本最初の鉄砲である種子島銃の伝来地として知られています。

　「たねがしま」の語源は、アイヌ語の「tanne」に和語の「島」を後付けした形としての「tanne・mosir」で、その意味は、＝「長い・島」と解されます。

　ちなみに、地図を開いて「種子島」を見ると、その地形は

165

たしかに南北に細長い地形の島であることが一目でわかります。

屋久島（やくしま）[鹿児島県]

「やくしま」は、アイヌ語の「yuk・us・i」→「yukusi」からの転訛で、その意味は、＝「獲物が・群生する・所（島）」と解されます。

ちなみに、現代アイヌ語で「yuk」は「シカ」でありますが、古代には「クマ」も「イノシシ」も「サル」も「キジ」も、狩の対象となるものすべてが「獲物」を意味する語としての「yuk」であり、ここの「屋久島」はその意味としての「yuk（獲物）の・mosir（島）」ということでありました。

という次第で、「屋久島」は、つまり「シカ」や「サル」などの「獲物の群生する島」として知られている所であり、狩猟採集を生業としたエミシの人たちの時代には、ことさらに有難い「yuk・us・mosir（獲物・群生する・島）」だったということであります。

本州に「薬師岳」や「薬師森」などと称する山が多く見かけられ、その語源が、アイヌ語の「yuk・us・i」で、＝「獲物・群生する・所（山）」を意味すると思われるケースや、「薬師如来を祀る山」を意味すると思われるケースなどが多いわけあり、えてしてその中には、そのどちらを意味するケースであるか、はっきりしない事例もあるのでありますが、ここ薩南の「屋久島」の場合は明らかに「獲物が・群生する・島」という意味としての「yuk・mosir」であるということが、そこにシカやサルが群生しているということで、自ずからはっきりしているわけであります。

平内（ひらうち）[鹿児島県]

　屋久島の南海岸に海中温泉で知られる「平内」があります。
　「ひらうち」の語源は、アイヌ語の「pira・utur・ma」で、＝「崖・の間の・澗」と解されますが、おそらく、これはいつの頃からかその語尾が省略された形としての「pira・utur（崖・のあいだ）」という意味の地名として呼ばれるようになったものであろうと考えられます。
　また、この「平内」の現在の読みは「ひらうち」ですが、あるいは、その名が元々は、アイヌ語系地名に多い「pira・nay」で、＝「崖の・川」という意味だったのではなかったかという見方もあるかと思うのであります。

奄美大島（あまみおおしま）[鹿児島県]

　奄美大島の「あまみ」の語源は、アイヌ語の「amam・ta・i（穀物を・耕作する・所）」の後略の形としての「amam」ないしは「amami」ではないかということで、次のように説明できるように思います。
　「amam」と言えば、アイヌ語の「穀物」を意味し、本来は「コメ・ムギ・マメ・ソバ・アワ」などの穀物一般のことを、それぞれ「amam」と称するわけでありますが、北海道のアイヌの人たちは、「穀物」のうちでも「ヒエ」が彼らの代表的食物であるということで、単に「amam」というときは、「ヒエ」のことを指すという原語習慣がありました。
　これに対して、南国の奄美諸島では、「奄美大島」の大和村の福元に古代以前の古い開田遺跡があるところから、「奄美大島」がコメ作りの先進地であるということで、「amam」と言えば「穀物」のことでありますが、同時にまたその地の

代表的作物であるということで、「コメ」の称としても使われていたのではないでしょうか。

つまり、奄美大島の地方では、一般に「amam」と言えば穀物を代表する「コメ」のことであると解し、それがこの地の作物としての先進地ということで、「amam」と言えば、ここ「奄美大島」の称でもあるということになり、その表記が語尾に「i」がつけられた第3人称形としての「amami（それの穀物）」と書かれ、それが、＝「コメの先進地」としての「奄美地方」を指す名詞としての称となったということではないかと思うのであります。

与論島（よろんじま）［鹿児島県］

与論島は奄美諸島最南端にある島で、次のように考えられます。

「与論島」の「よろん」の語源は、アイヌ語の「i・oro・un」に「島（mosir）」が後付けされた形で、「i・oro・un・mosir」→「iyorommosir」と音韻変化を伴って発音され、その意味は、＝「聖なるそれ・その中・にある・島」と解されます。

「聖なるそれ・その中・にある・島」とはどういうことかと申しますと、それは、「神々が造ってくださったサンゴの堡礁の垣根に取り囲まれたその中にある島」ということで、その昔、古代エミシの人たちによって名づけられた「与論島」の島名であるということになるということであります。

この島は、その名のとおり、サンゴの堡礁に囲まれた内海の中にある島で、その昔、その堡礁の垣根に囲まれた島の陸地に住んだエミシの人たちにとっては、まさに、神々が造っ

てくださった自然の楽園の中に住んでいるという実感であったろうと想像されます。

　思うに、「与論島」の語源の「i・oro・un・mosir」の語頭の「i（聖なるそれ）が「ye（サンゴ礁）」であったということも考えられ、もしもそうだとしますと、ここにいう「与論島」は、「ye・oro・un・mosir」で、＝「聖なるそれ（サンゴ礁）・の中・にある・島」という意味だったのではなかったかという考え方もあり得ると思うのでありますがどうでしょうか。

　知里真志保先生の地名アイヌ語小辞典には「ye」の意味として「溶岩・軽石・石」とありますが、もしかして、その昔は「サンゴ礁の石」も「ye」と呼ばれたのではなかったかとも考えられるというわけであります。

那覇（なは・なわ）[沖縄県]

　「那覇市」の「那覇」の旧訓は「なわ」だったのが昭和9年に日本放送用語審議委員会の決定に基づいて「なは」に統一されたものといわれます。どうしてそこまで規制しなければならなかったのかと筆者たち地名のルーツにこだわる者にとっては、理解しがたいところであります。もしかして、「那覇」の語源は「魚場（なば）」であったとする見方に基づいてなされた「なは」の読みだったということなのでありましょうか、いささかの疑問が残ります。

　「那覇」の読みが旧訓のとおりの「なわ」であるとすると、その発音やその地の地形等とも考え合わせて、次のようなアイヌ語系地名としてすんなりと解釈されるわけであります。

　「なわ」は、アイヌ語の「nay・wa」からの転訛で、その意味は、＝「川・岸」と解されます。

何川の「川岸」なのかと申しますと、現にそこにある那覇の市街地を貫流して流れている「国場川の川岸」ということであったと解されます。

その昔、沖縄本島の陸地の奥深くに入り込んだ那覇の入江に続く国場川の下流域の水域は、入江の海と川面とが一体となっている波静かで安全な船繋りの澗として最良の条件を備えているということで、そこに自ずから大きく発達したのが「nay・wa・kotan（川岸の・村）」＝「那覇村」であり、今日の「那覇市」だったと考えられます。

与那原（よなばる）[沖縄]

「与那原町」の「よなばる」の語源は、アイヌ語の「i・o・nay・par」でありますが、これが音韻変化を伴って「iyonaypar」と発音されたと思われ、その意味は、＝「恐れ多いそれが・群棲する・沢の・入口」と解されます。

ここにいう「恐れ多いそれ」とは毒蛇の「ハブ」のことを指すものと考えられ、これを書き換えますと、＝「ハブが・群棲する・沢の・入口」と解されます。

エミシの人たちにとって「ハブ」は「kamuy（神）」だったので、ストレートに「ハブ」というのを憚って称したのがここにいうこの「i（恐れ多いそれ）」でありました。

本部半島（もとぶはんとう）[沖縄県]

「本部半島」の「もとぶ」は、アイヌ語の「mo・to・un・pe」→「motoumpe」で、その意味は、＝「子である・海・そこにある・もの（半島）」と解されます。

「mo・to（子である・海）」とは、その半島の付け根の所にある「羽地内海（はねじないかい）」のことであるのに対し、その「外海」のことを「poro・to（親である・海）」と位置付けてのこのような称であると考えられます。

桃原（とうばる）［沖縄県］

「桃原」の地名は沖縄本島に多い地名で、沖縄市、与那城町、北谷町、国頭村などにあり、一般に「平坦地」を称する地名であるといわれているようですが、本当のところは次のようなアイヌ語系地名であろうと考えられます。

「とうばる」は、アイヌ語の「to・paro」からの転訛で、その意味は、＝「海・それの入口」、つまり、「港」と解されます。

北海道札幌市のモエレ沼から豊平川に流れ出る所にある地名が、かつて「to・paro」と呼ばれていたことが山田秀三先生の調査で知られております。ただし、この北海道の「to・paro」は「モエレ沼・の入口」ということのようであり、今となっては、周辺の地形が大きく変わっていてその原形がはっきりしなくなっているようでありますが、多くの識者の方々がこのように解釈されているようであります。

平良（ひらら）［沖縄県］

「平良」は宮古島の「平良市」の市名になっていますが、次のようなアイヌ語系地名であろうと考えられます。

「ひらら」の語源は、アイヌ語の「pira・ra」で、その意味は、＝「崖の・低所」になります。ただし、ここにいう「崖の・低所」とは、「崖・の下の平地」ということであろうと考えられ、

その地形が「平良市」の東海岸に現存しています。

漢那岳（かんなだけ）[沖縄県]
「漢那岳（233m）」は沖縄本島宜野座村と恩納村の境にある山で、次のように考えられます。

「漢那岳」は、アイヌ語の「nupuri・kanna」の語頭の省略形で、その意味は、＝「岳・の上方」でありますが、これを和語流に並べ替えると「kanna・nupuri」になり、＝「上方にある・岳」と解され、その意味がわかりよくなります。

ここにいう「上方にある・岳」とは、漢那岳から流れ下る「漢那川」の川下の「漢那ビーチ」の辺りから見上げて、その川上の高い所に山頂が見えている岳（山）ということでこのように名付けられたものと考えられます。

金武町（きんちょう）[沖縄県]
「金武町」は次のように考えられます。

「金武町」の「きん」は、アイヌ語の「kim・un」からの転訛で、その意味は、＝「山寄り・にある」と解されます。

したがって、「金武町」は、「kim・un・kotan」で、＝「山寄り・にある・町」ということになります。どこから見ての「山寄り」なのかと申しますと、「金武岬」のある海寄りの平地にあるkotanから見て、その「山寄りにある所」ということのようであります。

北谷町（ちゃたんちょう）[沖縄県]
「北谷町」の「ちゃたん」の語源は、アイヌ語の「cha・ta・an」で、その意味は、＝「岸・に・ある」であり、その

始まりは、これにアイヌ語の「kotan」を後付けした形としての「cha・ta・an・kotan」で、その意味は、=「海岸・に・ある・村」と考えられます。

比嘉（ひが）[沖縄県]

「比嘉」は宮古島や久米島や浜比嘉島にもあり、人の姓にもなっている地名でありますが、次のように考えられます。
「ひが」はアイヌ語の「pit・ka」が音韻変化を伴って発音される「pikka」からの転訛で、その意味は、=「岩の・上」と解されます。

渡嘉敷（とかしき）[沖縄県]

渡嘉敷島の「渡嘉敷」も人の姓にもなっている地名で、次のように考えられます。
「とかしき」は、アイヌ語の「to・ka・uske」→「tokaske」からの転訛で、その意味は、=「海の・ほとり・の所」と解されます。

具志堅（ぐしけん）[沖縄県]

「具志堅」は本部半島や知念岬にある地名ですが、人の姓にもなっている地名であり、次のように考えられます。
「ぐしけん」の語源は、「chasi・ke・un・i」→「chasikeni」で、=「砦・の所・にある・もの」と解されるアイヌ語地名がそこに先にあったのが、その後になってから、その語頭の「chasi（砦）」が琉球語の「gusuk（砦）」に入れ替えられた形としての、=「gusuk・un・i」→「gusukeni」になり、それが今日の「具志堅」に転訛したもののようであります。

川平（かびら）「沖縄県」

「川平」は石垣島の北西部に入り込んだ小さな入江である「川平湾」の称でありますが、これも人の姓にもなっている地名で、次のように考えられます。

「かびら」は、アイヌ語の「kapiw・uta」からの転訛で、その意味は、＝「ウミネコの・砂浜」と解されます。

「kapiw・uta」は初め「かぴ・うた」に転訛してから、「かびうら」に再転訛し、次いで漢字表記の「川平」になったものとして解釈されます。

アイヌ語系地名の場合、アイヌ語の「uta」がしばしば和語の「入江の奥」を意味する「浦」に転訛しているケースが見受けられます。

伊江島（いえじま）［沖縄県］

「伊江島」の「いえ」の語源は、アイヌ語の「i・e」で、その意味は、＝「聖なるそれの・頭」と解されます。

したがって、これに和語の「島」を後付けしたのが「i・e・島」で、アイヌ語の、＝「i・e・mosir」であり、その意味は、＝「聖なるそれの・頭の・クニ」と解され、これが現在名の「国頭郡」の「くにがみ」のルーツであろうと考えられます。

佐和田（さわだ）［沖縄県］

伊良部島の「佐和田」は次のように考えられます。

「さわだ」は、伊良部島の北西部にある海浜地名でありますが、アイヌ語の「sa・wa・an・uta」が音韻変化と連声を伴った形で「sawanuta」となり、それから転訛して「佐和田」になったものであり、その意味は、＝「前・に・ある・砂浜」と解

されます。ただし、もしかすると、「sa・wa・an・uta」の「an」が省略された形で、「sawauta（サワウタ）」と称され、その「sawauta」から「sawata（さわた）」→「さわだ」になったとする考え方もあると思います。

辺野古崎（へのこざき）[沖縄県]

　「へのこざき」の語源は、アイヌ語の「he・en・nok」に和語の「崎」が後付けされた形でありますが、これが会話のうえで音韻変化をして「hennok」と発音され、その意味は、＝「頭が・突き出ている・男根の（ような）・崎」と解されます。

　したがって、「辺野古崎」とは、＝「頭が・突き出ている・男根のような・岬」ということになると思います。

　「辺野古崎」が日米安全保障条約に基づく軍用基地の用地として目下開発中で、その地形がたびたび新聞やテレビで報道されている通りでありますが、その地形が「男のあそこのような形の岬」であるということで、広く世に知られるところであります。

　「へのこ」は、今は隠語化してしまいましたが、筆者が小学１年生のころのこと、地元の網衆の老人たちからからかわれながら教えられたのが「男のあそこ」のことをアイヌ語で「へのこ」というとのことでありました。今にして思い起こせば、なるほど、アイヌ語に訳してみると、やはり「he（頭）・en（突き出ている）・nok（男の恥部）」になるということができるように思いますがいかがでしょうか。

嘉手納（かでな）[沖縄県]

　「嘉手納市」の「かでな」の語源は、アイヌ語の「kap・

tek・nay」ですが、これが通常の会話のうえでは音韻変化を伴って発音されますので、＝「katteknay」となり、その意味は、＝「皮みたいである・沢」で、つまり、「低平である・沢」と解されます。

このアイヌ語地名を和人が聞いた場合、「tek」の語尾の無声音である「k」が聞き落とされて「kattkenay」が「カッテナィ」と聞こえたということであり、それが今日の「嘉手納（かでな）」の地名に転訛したものと考えられます。この地の地形そのものが、現実に目に見えるとおりの「低平である・沢」であるところから、現にそこに大きな「嘉手納飛行場」が造成されてあるというわけであり、この点からもこの地名のアイヌ語系地名説としての根拠があると言えると思うのであります。

宜野座村（ぎのざそん）[沖縄県]

「宜野座村」の「ぎのざ」の語源は、アイヌ語の「ki・nup・cha」で、その意味は、＝「ヨシ・原・のそば」と解されます。したがって、「宜野座村」は、これに村を後付けした形で名付けられた村名だったわけであります。

その昔、「宜野座川」の川尻の辺りが、一面ヨシの茂る湿地帯になっていたのでこのように名づけられたのではないでしょうか。

サバ崎（さばざき）[沖縄県]

西表島の「サバ崎」の「サバ」の語源は、アイヌ語の「sapa」で、その意味は、＝「岬頭」と解されます。

ここにいうアイヌ語の「sapa」は「saba」でもよく、現地

の地形に合致した典型のアイヌ語地名であるということになります。

白鳥崎（しらとりざき）[沖縄県]

伊良部島の「白鳥崎」の「しらとり」の語源は、アイヌ語の「sirar・taor」に和語の「崎」が後付けされた形の「sirar・taor・not」で、その意味は、＝「岩層の・高岸の・岬」と解されます。

伊良部島の北東海岸は佐良浜と呼ばれ、その浜の北岸が険しい岩層の高岸の崖の地形を見せており、その先端に突き出ているのがここにいう「白鳥崎」であります。この地名も現地の地形によく合致しています。

伊良部島（いらぶじま）[沖縄県]

「伊良部島」と「下地島」は、その間に一見一条の川のように見える水路が通っています。この水路がある島ということで、古代エミシの人たちによって「伊良部島」に名づけられたのがこの地名であり、次のように考えられます。

「伊良部島」の「いらぶ」の語源は、アイヌ語の「i・ru・an・pe」でありますが、その発音は音韻変化を伴って「irampe」となり、その意味は、＝「聖なるそれ（神々）の・通り道・ある・もの（島）」と解されますが、現地の地形によく合致しています。

祖納（そない）[沖縄県]

竹富町の西表島に「祖納岳」があり、その麓に、現に「祖納」と呼ばれる集落があり、かつては西表島西部の中心地と

して比較的早くから開けた所だったようでありますが、その後の町村の統廃合等により、現在は竹富町字西表の一部を占める集落名となっております。

「そない」の語源は、アイヌ語の「so・nay」で、その意味は、＝「滝の・川」と解されます。

この「祖納」がどうして「滝の・川」なのかと申しますと、現にそこにある「祖納岳」の山裾を流れて東シナ海に注ぐ「浦内川」があり、その川の川上に「カンビレーの滝」や「マリユドーの滝」などの名滝があるということで、かつては、その名が「浦内川」ではなく、おそらく、「滝の・川」を意味するアイヌ語で、＝「so・nay」と呼ばれたと推定され、「祖納岳」もその河畔に屹立する聖なる山であるということで名づけられた「so・nay・nupuri（祖内岳）」だったということのようであります。

ちなみに、「滝の・川」を意味するアイヌ語地名の事例としては、北海道に「壮瞥（so・pet）」、秋田県に「惣内（so・nay）」、岩手県に「城内（zyo・nay）」、山形県に「庄内（syo・nay）」、富山県と岐阜県を流れる滝のある川に「庄川」、そして、宮崎県にも「庄内川」と呼ばれる「滝のある川」があります。

カンビレーの滝（かんびれーのたき）[沖縄県]

「カンビレーの滝」は、竹富町西表島の浦内川の中流域にある聖なる大滝として人々から崇敬されており、次のように考えられます。

「カンビレーの滝」は、アイヌ語の「nupuri・ka・un・pir・so」の語頭の省略形の「ka・un・pir・so」で、その意味は、

=「山・の上・にある・渦流の・滝」と解されます。

ヒナイ川（ひないがわ）［沖縄県］

　西表島の船浦湾に注ぐ川が「ヒナイ川」であります。

　この「ヒナイ川」の「ヒナイ」の語源は、アイヌ語の「pir・nay」が音韻変化した形としての「pinnay（ピンニィ）」→「pinay（ピニィ）」で、その意味は、＝「渦流の・川」と解されます。

　ここにいう「ヒナイ川」の「ヒナイ」と申しますと、その語源が、もしかするとアイヌ語の「pi・nay（小石・川）」か、あるいは「pin・nay（細くて深い谷川）」かとも考えられますがどうでしょうか。

　しかし、その地形から見て、その語源は「pir・nay（渦流の・川）」であり、それが音韻変化して「pinay」と発音されたと考えることができます。

ピナイサーラの滝（ぴないさーらのたき）［沖縄県］

　「ピナイサーラの滝」は西表島の上原港から車でおよそ5分、ヒナイ川の川口から2分ほど遡った川上にあります。

　「ピナイサーラの滝」の「ピナイサーラ」の語源は、アイヌ語の「pir・nay・sirar」が音韻変化した形としての「pinnay・sirar」→「pinay・sirar」で、その意味は、＝「渦流の川の・岩」と解されますが、これにアイヌ語の「so（滝）」が後付けされたのが、この「pinay・sirar・un・so」であり、＝「渦流の川の・岩・そこにある・滝」となり、時には文中の「un」が省略されて「pinay・sirar・so」と呼ばれていたのではなかったかとも考えられます。

伊野田（いのだ）[沖縄県]

石垣島の「いのだ」は、アイヌ語の「inun・ota」→「inunota」からの転訛で、その意味は、＝「漁師の番小屋の・砂浜」と解されます。

「inun」は、動詞として「漁のために水辺に出向いて滞在する」でありますが、名詞としても「漁師の番小屋」という意味として使われます。

平久保（ひらくぼ）[沖縄県]

「平久保」の地名は石垣島の北東端の辺りにある地名であり、やはり人の姓にもなっている地名であります。

「ひらくぼ」の語源は、アイヌ語の「pira・kut・pok」→「pirakuppok」で、その意味は、＝「崖の・岩棚・の下」で、言い換えて「岩棚の・崖・の下」になります。

「pirakuppok」の語尾の「k」の音は閉音節の無声音であり、和人の耳には聞き取りがたいので、アイヌ語系地名としては「ピラクッポ」と聞こえたということで、「ひらくぼ」の称に転訛して残ったと考えられます。

於茂登山（おもとやま）[沖縄県]

「於茂登山（526m）」は石垣島にある県内最高峰の山であり、全山がシイの木の美林に覆われている山として目立っています。

「於茂登山」の「おもと」の語源は、アイヌ語の「om・o・to・us・i」が連声して発音された形の「omotousi」の後略の「omoto」で、その意味は、＝「麓・そこに・池が・ついている・もの（山）」で、「於茂登山」を称する山名であるこ

とがわかります。

コンドイ岬（こんどいみさき）[沖縄県]

　竹富島の西岸に「コンドイ岬」と呼ばれる岬とそれに続いて「コンドイビーチ」という美しい砂浜があり、沖縄観光の人気のスポットの一つになっています。

　そこにある「コンドイ」の語源は、アイヌ語の「kom・toy」で、その意味は、＝「ドングリの・園」と解されます。したがって、「コンドイ岬」は、＝「ドングリの・園の・岬」ということになります。

　石垣島や竹富島には、現にシイの木の美林が目立ちます。シイの木にはスダジイとツブラジイがあり、食用としてはツブラジイの「ドングリ」の方が特に美味しいと言われております。

　シイの木の実は、昔の沖縄の人たちの「ドングリ」であり、東北地方の人たちがカシワやナラやクヌギの木の実のことを「ドングリ」と呼んで食用に供しましたが、沖縄の人たちも同様にしてシイの木の実である「ドングリ」を自らの食料にすると同時に、家畜の餌にもしたもののようであります。

　その昔の沖縄のエミシの人たちにとって、シイの木の実の「ドンリ」は大事な食糧であり、竹富島の「コンドイ岬」から「コンドイビーチ」の辺りの海浜とそれに続く後ろの丘には今日でもそのシイの木の美林が目立って見えております。

摩文仁（まぶに）[沖縄県]

　沖縄本島南端の糸満市の南半分が「沖縄戦跡国定公園」に指定されており、その一角に平和祈念公園があり、その中に

太平洋戦争の悲惨な戦争を今の世に物語る「摩文仁ヶ丘」があります。

この「摩文仁ヶ丘」の「摩文仁」とは何かと申しますと、次のように考えられます。

「まぶに」は、アイヌ語の「poru・un・i（ポル・ウン・イ）」→「poruni（ポルニ）」が語源で、その意味は、＝「洞穴・そこにある・所」と解されます。

ところが、この場合の「poru（洞穴）」を同じ意味の和語系の古いる語である「間歩（マブ）」に入れ換えて言い直しますと、それは、＝「mabu・un・i」となり、これが連声されて、＝「mabuni（マブニ）」と発音され、その意味が、＝「間歩（洞穴）・そこにある・所」になります。

現在「摩文仁ヶ丘の洞穴」は「アブ・チラ・ガマ」と呼ばれているようでありますが、この「アブ・チラ・ガマ」のことを古代の沖縄のエミシの人たちは上記のような意味で、＝「poru・un・i」→「poruni」と言い、別に「mabu・un・i」→「mabuni」と呼んだということであります。

「洞穴」や「坑道」はアイヌ語で申しますと「poru」でありますが、平安期のころのエミシの人たちは、アイヌ語の「poru」のことをそのころの和人の語に合わせて「mabu」とも言っていたということということのようであり、そのことの現われとしての「mabuni」で、＝「間歩・そこにある・所」であります。

アイヌ語系地名の素性

4〜5年ほど前の話であります。北海道のアイヌ系の知友から、およそ次のような内容の手紙が届きました。

　　北東北で多く発掘される続縄文土器（北海道式土器）と、同じく同地方に多く残っているアイヌ語系地名とは、3〜4世紀ごろに北海道に気候変動が訪れて寒冷化した時期があり、その時に北海道のアイヌの人たちが寒冷化した気候を避けて、4〜5世紀ごろに津軽海峡を渡ってより暖かい北東北の地に移り住んで暮らしたことがあるとし、その事実を物語るのが北東北に多く残っている続縄文土器とアイヌ語系地名であるということでありますが、あなたはこの説についてどのように考えておりますか、というものでありました。

　このような説があって現にそれが通説化されているかのように見えるということは、筆者自身も予てから注目しており、納得いたしかねていたところでありました。

　筆者たちがどうして納得しかねるというのかと申しますと、北東北はいうまでもなく、北海道を含む日本列島の全域に、それ以前のとうの昔からアイヌ語をもって固有の言語として暮らすエミシの人たちが先住していたことは確かであり、その先住していたエミシの人たち自身によって名づけられたのが、北東北はいうまでもなく、日本列島全域に残っているアイヌ語系地名であると考えられるからであります。

　北東北に残るアイヌ語系地名のルーツについてのこのような見方の違いが出ているのはどういうことかと申しますと、それは、古い文献等によってエミシの存在とその動静がある程度わかるようになってきた古代の年代に、主として東北地方に住んでいて「蝦夷」と書いて「エミシ」と呼ばれ、次い

で「えぞ」とも呼ばれていた人たちの正体が、アイヌ語を固有の言語とするアイヌ族であったと見るのが筆者たちの見方であるのに対し、いや、その「エミシ」とか「えぞ」と呼ばれた人たちの正体はアイヌ族ではなかったとか、ないしは、アイヌ族とは言い切れない人たちだったと主張する人たちがいるからであります。

　ちなみに、講学上、前者の立場に立つ人たちの主張のことを「エミシ＝アイヌ説」、後者の立場に立つ人たちの主張のことを「エミシ＝非アイヌ説」と言い、そして、その「エミシ＝非アイヌ説」にいう「エミシ」と申しますのは、元々は畿内に多く住んでいる和人とは、同族の間柄にあった人たちであるはずなのに、長く辺地に離れて住んでいたために、いつの間にか言葉が訛って通常の会話が通じなくなった人たちなのであると説く人たちが多くいるわけであります。つまり、東北地方に住んでいてエミシと呼ばれている人たちは、異族ではなく、和語を忘れた和人であるというのであります。

　しかし、日本列島に渡来して畿内に政権を樹立して国名を倭（大和）と名乗るようになった大和朝廷勢力は、弥生時代からその後の古墳時代あたりにかけて朝鮮半島から新たに渡来したコリアン系の同一民族の人たちの集団であり、その人たちの一部が、たとえ東北地方のいわゆる辺地と彼らが呼んでいる地方に、いち早く進出して、せいぜいそこに数百年間住んでいたからといって、その間に、彼らの言葉が元の集団であった畿内の和人たちに、そう易々と通じなくなるほどに変わるものなのでしょうか、容易には信じがたいことであります。はっきり申して、その当時東北地方に住んでいて、畿

内の和人たちから「エミシ・えぞ」と呼ばれた人たちは、その言語も信仰もその他の風俗習慣も渡来系の和人とは全く異なる異民族であったと断ずることができ、だから、通訳抜きにしては言葉が通じない間柄だったというのは当然のことなのであります。そして、そのエミシの人たちこそは、縄文時代以来日本列島の全域にわたって暮らしていた先住民族であり、その人たちが日本列島の全域に残したのがここに言うアイヌ語系地名であり、その分布は、一部の人たちが言うような北東北だけに留まるような限定的なものではなく、日本列島の全域に広がって存在しているということであります。

　古くから「エミシ＝アイヌ説」を唱えた人たちのなかにはＦ・フォン・シーボルト、小金井良精、金田一京助等の諸先生方がおられますが、そのなかの一人である金田一京助先生の説については、その昔、エミシの国日高見と呼ばれた現地岩手県出身の著名な言語学者であり、アイヌ語学の実践的研究の権威者でもあるところから、ここにいうエミシがアイヌか、それとも非アイヌかの問題については、当の金田一先生自らがおっしゃるがゆえに「エミシ＝アイヌ説」の主張がより重く受け止められると、筆者たちは心強く思っておるわけであります。そして、筆者たちの信ずるこの「エミシ＝アイヌ説」について、さらなる示唆と勇気を与えて下さったのは、哲学者梅原猛先生の「日本文化の基層に縄文あり、その縄文はアイヌ文化を通して理解することができる」という蘊蓄あるご提言であります。

　こうして筆者たちが「エミシ＝アイヌ説」の立場を強くしているわけでありますが、その直接の裏付けとなるのは、アイヌ語系地名と思われる地名は、ただに北東北だけにとど

まらず、日本列島の全域にわたって残っており、それを残したのは誰かと言えば、それはかつて日本列島全域にくまなく住んでいた縄文人の直接の子孫であると思われるエミシの人たちであり、しかもそのエミシの人たちが名づけたと思われるアイヌ語系地名は、確かに北東北の地により多く残っているわけでありますが、だからといって、そのアイヌ語系地名はかつてのある時期に北海道から北東北に移り住んだとされるアイヌの人たちだけによって残されたものであるかのように限定的に言い切るのは早計であるというものであり、北東北にとどまらず、日本列島の各地に残っているアイヌ語系地名は現代アイヌと同族であり、彼らの先祖でもある古代エミシの人たちが残した地名であると考えるのが至当であり、それを残したエミシの人たちは、すなわち、アイヌ語族であり、それがつまり、「エミシ＝アイヌ説」にいうアイヌであるということであります。

　以上に述べたアイヌ語系地名にかかわる筆者たちの地名観について、その証となる事例を採りあげて説明すると次のようなことが言えるのであります。

　658年（斉明天皇4年）の安倍比羅夫の北航の記録のなかに訳語（おさ）という通訳がついてきていることが書かれてありますが、その訳語とは何語と何語の間の通訳のことなのかと申しますと、それは和語と夷語との間の通訳であり、その場合の夷語とはその時点で北東北から北海道にかけて多く住んでいた「蝦夷」と書いて「エミシ」と呼ばれ、次いで「えぞ」と呼ばれていた先住民の人たちの常用語であったアイヌ語のことであり、その実態はこの地方のエミシの人たちの時代にかかわる記録資料のなかに彼らが残したと思われるアイ

ヌ語系の地名や人名が書き残されており、それらの地名や人名の解釈から容易に知ることができるわけであります。

たとえば、日本書紀658年（斉明天皇4年）の安倍比羅夫の北航の条にある夷地と呼ばれている領域のなかに見える次の地名などは明らかにアイヌ語が語源であると見るのが至当であると思います。

* 「齶田（飽田）」：これはアイヌ語の「a·ki·uta」または「a·ku·uta」で、＝「燃える・油の・砂浜」と解され、秋田市海岸の八橋油田のある砂浜の辺りを指す地名に由来すると考えられます。古来八橋の砂浜から自然に湧き出る原油があり、その昔、地元の人たちはこれを臭水（くそうず）と呼んで採取し、屋外の燈火に利用したということが伝えられております。

  つまり、ここにいう「臭水」は、かつてのエミシの人たちの時代の言葉に戻しますと、「a·ki」または「a·ku」で、「燃える・油」と解され、「齶田（飽田）」は、「秋田」のことであり、＝「燃える・油の・砂浜」というアイヌ語地名だったということがわかります。

* 「渟代（野代）」：「渟代（野代）」は現在の「能代」のことで、＝アイヌ語の「nu·sir」で、「豊漁豊穣の・大地」と解され、「野代」だとアイヌ語の「no·sir」で、＝「聖なる・大地」と解することができ、どちらも現地の地勢、地形、歴史資料に合致します。

* 「津軽」：これはアイヌ語の「tukari」で、＝「（何々）の手前」ということであり、この場合の「何々」が問題になりますが、これについては場所を表す「何々」で、二つの場所が考えられます。その一つは「sir·pes」で、その二つは「to」

であり、次のようになります。

「何々」が「sir・pes」だとすると、津軽は、「sir・pes・tukari」で、＝「海に迫る切岸の・崖地・の手前」と解することができます。

そして、「何々」が「to」であるとすると、「津軽」は、「to・tukari」で、＝「十三湖・の手前」と解することができます。

ただし、ここにいう「sir・pes・tukari」の「sir・pes」とは竜飛崎から小泊崎に至る間の「sir（海に迫る切岸）の・pes（懸崖）」ということで、それは「竜泊海岸」を表す地名としての称であると考えられます。

また、和語の「十三湖」が固有名詞であるのにもかかわらず、アイヌ語ではただの「to」であるということにいささかの戸惑いを覚えるのでありますが、アイヌ語では、特に大きな湖である「洞爺湖」や「當沸湖」や「風連湖」などがそうであるように、地元の人たちの間ではただの「to」と固有名詞化して呼ぶのが習わしになっているようであり、ここにいう「十三湖」も同様に地元ではただの「to」の称で通用していたと思われます。

なお、中世東北史の舞台となった安倍氏の「衣川」や藤原氏の「平泉」についても、その語源はエミシの人たちのアイヌ語であると見て、次のように解することができます。

* 「衣川」：これはアイヌ語の「ku・oro・o・mom」に和語の「川」が後付けされた形の「ku・oro・o・mom・nay」が音韻変化して発音される形の「koromom・nay」で、＝「仕掛け弓場・の中・そこに・流れている・川」と解されます。
* 「平泉」：これはアイヌ語の「pira・enrum」からの転訛で、＝「崖の・岬状尾根頭」と解され、「平泉」の史跡の一つ

として知られる「達谷窟」の岩頭を指す地名であることがわかり、そのアイヌ語地名と地形とがピタリと合致します。

ちなみに、人名ではありますが、延暦期に三度にわたって行われた「エミシの国侵略戦争」に当たって、やむに已まれず専守防衛のために大和朝廷の大軍を迎え撃って戦ったエミシの国日高見の王将「阿弖流為」と「母礼」の名も当然にアイヌ語であったと考えられ、その名を解釈すると次のようになります。

* 「阿弖流為」：彼の名は、アイヌ語名の「ak・tek・ruy・i」が会話のうえで音韻変化した形の「attekrui」で、＝「矢を射る・腕・凄い・人」と解されます。ということは、彼はその名から推して、胆沢地方のエミシの人たちの「sapa・ne・kur（族長）」であると同時に強弓を引く弓の名人でもあった大人物だったということが想像されるのであります。

* 「母礼」：彼の名は、アイヌ語の「mo・re・i」からの転訛で、＝「静かにさせる・人」と解され、これを「騒ぎを鎮める・人」、「神霊を祀って鎮座させる・人」とも解することができます。ということは、彼はその名から推して、磐井地方のエミシの人たちの「sapa・ne・kur」であると同時にそれに相応しい人格力量を備えた大人物だったということが想像されます。

以上に述べたアイヌ語系の地名と人名については、そのすべてが北東北の歴史に残るものであるということは確かであります。

しかし、そうであるからといって、これらの地名のすべてが4〜5世紀に北海道から北東北に移住したとされるアイヌ

の人たちの残した地名であると限定的に称するのは、はたして正しいと言えるのでしょうか。筆者たちの目に付くアイヌ語系地名と思われる古い地名は、その密度の多い少ないには差があるもののただに北東北にとどまらず、南東北から関東、中部、近畿、中国、四国、九州、沖縄までの日本列島全域にわたってあまねく残っているということはすでに触れたとおりでありますが、ここで念のためにそのことを裏付ける例証の一つとして次のアイヌ語系地名の事例を採りあげて説明させていただきます。

　アイヌ語で「滝のある・川」のことを「so・nay」とか「syo・nay」と言い、「滝・多くある・川」のことを「syo・o・nay」と申します。それらのうちの「so・nay」が語源であると思われる川が「惣内（そうない）」の名で北東北のうちである秋田県北秋田市に現存し、同様に「syo・o・nay」が語源であると思われる「庄内」の地名が山形県にあり、その「庄内」の語源の川であると思われる「最上川」が「庄内平野」を貫流して日本海に注いでおります。同じく「syo・nay」が語源であると思われる「滝のある・川」が「庄川」の名で岐阜県から流れ出て富山県を貫流して日本海に注いでおります。九州の宮崎県都城市にも「syo・nay」が語源であると思われる「庄内川」と呼ばれる川があり、そこに、今は「関ノ尾の滝」と呼ばれていますが、かつてはそれが「syo」と呼ばれたと思われます。そして、沖縄県の西表島には、同様に「so・nay」が語源であると思われる「祖納（そない）」の地名が存在し、そこに現在は「浦内川」と呼ばれていますが、古代には、それがおそらく「so・nay」と呼ばれたと考えられ、その川の中流域に、現に「マリュドーの滝」や「カ

ンビレーの滝」と呼ばれる見事な複数の滝があり、その昔はその名がそれらの「滝のある・川」ということで呼ばれていた「so・ay」であったということは容易に推定できます。しかも、その川の河畔にそのことを証するかのように「so・nay・nupuri（滝のある・川の・山）」と呼ばれたと思われる「祖納岳」があります。

このようにアイヌ語系地名は北の北海道はいうまでもなく、北東北ばかりではなく、より南の南九州や沖縄県などにも意外に多く残っており、その中間の本州、四国、北九州の各地にもくまなく残っているということは明らかであります。このような事実は、かつて、日本列島の全域に民族語としてのアイヌ語を話す人たちが住んでいて、その人たちが北東北にとどまらず、日本列島の各地にアイヌ語系地名を残したことを裏付けるものであります。このような事実をいつまでも無視して顧みなかったり、否定し続けたりすることはもはやできないと思うのであります。

以上のように全国各地に見るとおりのアイヌ語系地名が存在しますが、それを残した人たちとは何者かと申しますと、それはアイヌ語を彼ら民族の固有の言語として話していたエミシの人たちであったということであります。

したがって、現に北東北の地に残るアイヌ語系地名が４～５世紀に北海道から移住してきたアイヌの人たちによって名づけられた地名であるなどと限定的に解して言うのは、やはり誤りであり、かつて日本列島全域に先住していたアイヌ語族であったエミシの人たちがネイティブランゲージとして話していたアイヌ語による地名がそのまま、またはそのままに近い形で現在に残っているということであり、それがすなわ

ち、ここにいうアイヌ語系地名であるというわけであります。

　南方系古モンゴロイドを祖とする縄文人の末裔のアイヌ語族であるエミシの人たちの先住する日本列島に、紀元前230年頃から古墳時代にかけての およそ1,000年間に、北方系新モンゴロイドを祖とするコリアン勢力の人たちが北九州に渡来してきて、そこから武力を行使して東進を続け、日本列島先住の縄文系エミシ族の中心勢力の国だったと思われる畿内の大和地方を奪取してそこに彼らの征服王朝を建て、そこから南九州のエミシ族の熊襲の国を遠征して攻略し、次いで山陰道のエミシ族の強国であったと思われる出雲を併呑したということが、古事記や日本書紀等の解読やそこに先住していたエミシの人たちの残したと思われるアイヌ語系地名の解釈等から窺い知ることができます。

　例えば、畿内のエミシ勢力の国の王ナガスネヒコの国だったとされる「大和」の地名は、＝エミシのアイヌ語の「yam・at・mosir（クリの実・群生する・国）」、そこにある「三輪山」は、＝「mo・iwa（小聖山）」が音韻変化して発音される「miwa」、「巻向」は、＝「mak・un・muk・i（奥・にある・行き止まり・の所）」が音韻変化と連声を伴って発音される「makummki」、「吉野」は、＝「i・us・nup（聖なるそれが・群生する・所）」が音韻変化して発音される「iyusnup」で、これを言い換えると、＝「サクラ・群生する・所」と解されます。そして、南九州の熊襲の国の王カワカミタケルの国の内だったと思われる都城市の「庄内」の地名は、＝「syo・nay（滝の・川）」、鹿児島県の「志布志」は、＝「sup・us・i → supusi（ススキ・群生する・所）」、「指宿」は、＝「ipe・us・kim・un・poro・to（魚が・群生する・山寄り・

にある・大きな・湖)」が音韻変化した形の「ipuskimun・poroto」で、そこにある「池田湖」の称であり、その隣に「ipe・us・pana・wa・an・pon・to（魚が・群生する・海寄り・にある・小さな・池)」こと「鰻池」がありますが、これら二つの大小の湖沼があるということで名づけられたのが「池田湖」のアイヌ語名の後略の形である「ipuskimun」からの転訛の「いぶすき」の地名であります。そして、その南の洋上にある大隅諸島の「種子島」は、=「tanne・mosir（長い・島)」、「屋久島」は、=「yuk・us・i（獲物・群生する・所)」であり、それぞれが、その地方の先住者であったエミシの人たちが残したアイヌ語系地名であるということを暗に明示しているわけであります。

　こうして、日本列島の各地に縄文の昔から住んでいたアイヌ語族であるエミシの人たちが残したと思われるアイヌ語系地名が存在するのでありますが、その中でも渡来人勢力から特に狙い撃ちされたと思われる「大和地方」や「南九州」や「出雲地方」に、典型または典型に近いアイヌ語系地名が意外に多く残っているという事実が目立つわけであります。このことは、渡来人勢力が日本列島の先住民族の国である畿内の大和地方の旧勢力の国に侵入してこれを奪取し、そこに新たに彼等渡来人勢力の征服王朝を樹立して大和国を名乗り、そこから日本列島のそれぞれの地方に先住していたエミシの人たちの古い国々を次から次へと侵奪して、それらの国々の国土と人民を掠め取ったという重大な事実を物語るものであります。そして、その中に記紀等に渡来人系のように書かれてある出雲の国主だったとされる大国主なる人物がおりますが、彼の実像は、天孫族と言われる渡来人系の王など

ではなく、彼こそは生粋のエミシの国出自の出雲族の大王だったのではなかったかと考えられるところがあり、実際にそのように解釈する歴史の見方の方こそが、より正しい歴史観であるように思われるのであります。

　なお、沖縄にアイヌ語系地名が意外に多く残っている事実も目立ちますが、このことは、この地方が渡来人勢力の建てた畿内の征服王朝から遠隔の地にあったがために、彼らの征服の魔手がそこまでは届きにくかったということでありましょう。その点、畿内から遠く離れていた津軽や下北地方により多くのアイヌ語系地名が残っているのと類似しているということであります。

エミシ族とYamatonchiwと
日高見国侵略戦争

今から 12,500 年前から 2,500 年前ごろまでの、およそ 10,000 年の間、日本列島に住んでいた人たちと申しますのは、縄文人と呼ばれる人たちでした。その縄文人とはどのような人たちだったのでしょうか。大胆な仮説を交えて申しますと次のように言えると思います。

　地球上が最後の氷河期であるウィルム氷期と呼ばれる寒冷気候に見舞われ、平均気温が今よりも 9 ～ 10℃ も低く、海水面が 150m ほども下がっていたことがありました。その氷河期の時代に、マレー半島から大スンダ列島と呼ばれるスマトラ、ジャワ、カリマンタンの諸島の周辺の島々の海が海退して陸続きになることによって、そこがスンダランドと称されて然るべき一大大陸になっていたということは、およそ明らかであります。そしてその大陸に、未だに寒冷地気候の許での生活を経験したことのない南方系のモンゴロイドの人たちが住んでいたこともほぼ確かであり、その人たちのことをその身体的特徴などから推して特に古モンゴロイドと呼ぶことができます。

　これに対して、当時ユーラシア大陸の北方のバイカル湖周辺の寒冷地で長く暮らすことによって、寒冷気候に適応した北方系のモンゴロイドの人たちがいたこともまたほぼ明らかであり、その人たちのことを、その身体的特徴などから推して特に新モンゴロイドと呼ぶことができるわけであります。

　当時の赤道直下付近にあったとされるスンダランドの平均気温は、現在の同緯度の辺りのそれと比べて、およそ 9 ～ 10℃ も低かったということは、当時のスンダランドの中心地に近い所だったと思われる現在のシンガポールの辺りの平均気温が 28℃ でありますから、それよりも 9 ～ 10℃ 低いと

いうことであり、そこの平均気温は 18 〜 19℃ であったということになり、ちょうど現在の鹿児島県の種子島辺りの平均気温に相当する所だったわけであります。したがって、当時そこは赤道直下の地でありながら、その平均気温の数値は、熱帯性気候というよりも、現在の温帯性気候のやや南寄り辺りに相当する冷涼で住みよい気温の所だったということであります。

　スンダランドに住んでいた古モンゴロイドの人たちの子孫は、氷河期が明けて地球上が温暖化に向かってくると、次第に海水面が上昇してスンダランドの低所の平地が海進によって水没し、彼らがそれまで生活圏としていたテリトリーの狭小化が進み、合わせて気候変動に伴う気温の上昇による暑熱化と天変地異や新たな熱帯性の風土病の流行などにも見舞われたりしたということも考えられ、スンダランドが彼らにとって、もはや住みよい土地ではなくなってきたことを身をもって体験したと思われます。

　そこで、彼らはかつての寒冷に近い気候が漸次後退して徐々に住みよい程度の温暖な気候になってきた中緯度の地帯に安住の地を求めて移動する者も出てきたと考えられ、そのうちで北に向かって移動を企てた人たちが、フィリピンや台湾などの島々や南シナ海の沿岸地方などを経て日本列島に渡ってきて定着を始めた者たちがいたと考えることができます。その時、日本列島には、かつての寒冷期に大陸の沿海州などから冬季に凍結した間宮海峡を渡ってやってきてヘラジカやナウマンゾウなどを追って暮らしていた旧石器人の子孫である少数の新モンゴロイドの人たちなどがいたことも考えられますが、南方のスンダランドから北上して日本列島にた

どり着いたより多勢の古モンゴロイドの人たちは、そこに先住していた少数の新モンゴロイドの人たちと自然に通婚したことが考えられ、それらの人たちとの混血や文化的融合などを通して人種的な小進化をしながらも、依然としてその古モンゴロイドとしての基本的な体形や体質を維持したままで、今から12,500年ほど前から2,500年前頃ごろまでの10,000年間を日本列島でおよそ平和の裡に暮らし続けたと考えられます。彼らのことが後に縄文人と呼ぶようになるのであります。

　彼ら縄文人たちの体型や体質の特徴は、北方のモンゴル、シベリア方面で暮らして寒冷地気候に適応した新モンゴロイドの人たちと比べて、平均身長は5～6㎝ほど低く、頭はより長頭型で、顔は彫りの深い二重瞼の目をしており、耳たぶが大きく、概して毛深い人たちが多かったもののようであります。彼らが縄文人と呼ばれるようになったのは、彼らの体型や体質にそれなりの特徴があることに添えて、今から12,000年も前の縄文時代の草創期以来、縄目の圧痕などのある早期、中期、後期の土器や晩期の遮光器土偶等、見るからにして美しい形や文様を施した芸術的な土器を造って使用したことなどによるものであります。

　縄文人の多くは、日本列島のうちでも東日本、ことに東北地方に発達したサケ・マスの遡上する川の流れる落葉広葉樹林帯の内とその周縁の海辺で、その地の自然環境に溶け込んだ生活を、その後に続く弥生時代までもずっと続けましたが、その生活スタイルを貫く暮らしのなかで、今日に残る日本文化の基層の形成にもそれなりにかかわったと評価されております。その文化の伝播の役目を果たしたのは、彼ら固有の言語であるアイヌ語系の言語であり、彼らはいわゆるアイ

ヌ系の民族だったということであります。そして、彼らのその言語がその後に続く弥生時代を縄文系弥生時代人として生き抜いて古代エミシの人たちに引き継がれたものと推定されます。そのエミシの人たちによって名づけられたと思われるアイヌ語系地名が今日の北海道や北東北により多く残っているということは周知の通りでありますが、その残存の割合はともかく、それ以外の日本列島の全域にわたってくまなく残っているわけであります。

　このように、アイヌ語系地名がその割合の多い少ないは別として、日本列島の全域にわたって残っているということは、かつて、日本列島の全域にアイヌ語を話す縄文系弥生時代人が住んでおり、それに続いて、その後裔と見られる古代エミシの人たちが住んでいたということを裏付けるものであります。

　そのような古モンゴロイドに属する縄文人たちが先住していたことが確かである日本列島に、弥生時代から古墳時代にかけてのおよそ1,000年間に、朝鮮半島から海峡を渡って大挙して渡来してきた人たちがいました。その人たちと申しますのは、食糧生産におけるコメ作りの優位性を何らかの情報によって知り得たと思われる北方系の人たちであり、かつてシベリアのバイカル湖付近を中心に暮らしていたブリアート族を中核とする新モンゴロイドの人たちでありました。彼らは、いち早く日本列島に渡来して長く先住していた古モンゴロイドに属する縄文系の人たちと比べると、長く寒冷地で暮らしてきたことによってその地の寒さに適応した体質を持つに至った人たちであり、それゆえに新モンゴロイドと呼ばれるようになった人たちであります。

彼らは縄文後期（3,000〜4,000年前）の半ば過ぎごろに訪れた寒冷気候による植生の変化やそれに伴う生活資料の不足などを避けて彼らのマザーランドだったバイカル湖付近から活路を求めて移動を始め、やがて朝鮮半島に進出しました。

　朝鮮半島に進出した新モンゴロイドの彼らは、そこに繰り広げられたコメ作りに適した豊穣の土地を求めての国盗り合戦を戦って勝ち抜き、4世紀初めごろに朝鮮半島南部に複数並立の新しい王国を建てました。彼らはその時点でコリアンと呼ばれるようになりました。

　こうして、朝鮮半島南部に進出して国盗り合戦に勝ち抜いたコリアンの国のうちの何れかの国の国王か、ないしは、それらの国の連合王国の王の地位についていた者自らか、あるいはその一族のうちの誰かが、国盗り合戦に慣れた兵員や農民や工人たちを引き連れて朝鮮海峡を越えて日本列島に渡来してきました。ちょうど近世の時代を迎えてから日本の豊臣秀吉が国内の統一を成し遂げたということで、朝鮮半島に侵攻して行ったのと反対のコースを辿った形としての渡来だったのであります。

　彼らの渡来人たちの渡来の目的は、より南に位置し、コメ作りによりよく適した豊穣なる国土とその領民である性格温順でよく働く人民を得るためだったと考えられます。その時代にどうしてコメ作りなのかと申しますと、肥沃で湿潤かつ温暖なモンスーン気候に恵まれた土地でのコメ作りは、ほかのどのような食糧生産よりも一段と歩留りの良い多収穫・高収益の生産方法であり、コメ作りに適したより広大な土地と、より多くの人民を支配する者は、それなりに多くの富を集め、より強大な国を建ててその国王になることができるか

らでありました。

　彼らはよく訓練された軍馬や農耕馬と共に、弥生式土器と青銅器や鉄製の新しい武器や農具を持って、初めは日本列島の北九州に渡来したのでありました。

　ここで確認して置きたいのは、そのころに日本列島に大勢のコリアンの人たちが渡来してきたことにより、それまで自然の恵み豊かな島国に先住して、その環境に馴染んで、およそ平和のうちに暮らしていた縄文系の人たちの住む国に、言語・文化・習性の異なる異民族である新モンゴロイドのコリアン系の人たちが渡来してきたことによって、日本列島は、たちまちにして複数民族の住む国となったのであります。そして、その時の彼らコリアン系の人たちの渡来の形は、受け入れ側の人たちの意志の介在する形での移民でも帰化でもない、彼ら渡来人たちの一方的な、いわゆる武力侵攻であり、侵略だったのであります。

　この時代にそのような形で朝鮮半島から日本列島に渡来してきたコリアン系の人たちと申しますのは、他国を侵略して自国の領土を広げるためには、敢えてその手段を択ぶには及ばないとする侵略勝手主義ともいうべき恐ろしい人たちだったのであります。具体的には自国の領土の拡張のためには、騙し討ちも、テロリズムも、不意討ちも、非戦闘員である一般庶民の集落の焼討ちも、誰に気兼ねすることもないという無法・無体な戦法の行使者たちだったのであります。

　そのような無法者集団の渡来人勢力は、時には侵略対象と狙った相手が手ごわいと見れば、平和的な外交手段を用いたもののようでありますが、弱いと見くびれば、多くの場合、隙を窺っては手慣れたやり口での武力行使の手段により、そ

こに先住していた縄文人の末裔と考えられる縄文系弥生時代人であり、後にエミシと呼ばれるようになる人たちの単一の村落国家やその連合した形としての小国家の国々を各個撃破するやり方で征服戦争を仕掛けて北九州から東進を続けて瀬戸内地方を奪取し、4世紀半ばごろには、その時代の日本列島最強のエミシ族の国だったと考えられる近畿地方の古代国家「Yamat」に武力侵攻を仕掛けてこれを乗っ取り、そこに彼等コリアン系渡来人たちによる征服王朝を建て、国名を「倭国（やまとのくに）」と名乗りました。そして、その「倭国」は、やがてその表記を「大倭国」と変え、757年（天平宝字元年）にはその表記を「大和国」と改めました。

　そして、彼らは九州のエミシ族の一派だったと思われる熊襲国への侵略に当たっては、景行天皇の皇子ヤマトタケルが女装して美少女に化けて、熊襲国の王室の宴の席に潜入することに成功し、国王カワカミタケルに酒を飲ませて酩酊させたところで、隠し持っていた懐剣を抜いて刺殺するという、まさにテロリズムの決行によって熊襲国を征服したとのことであり、やはり、恥を知らない大っぴらな国盗りそのものだったのであります。

　九州の熊襲国の征服に成功したヤマトタケルは、その足で日本海を北上し、そのころの中国地方最大のエミシの国と思われる出雲国に平和外交を装って接近し、国王オホクニヌシを巧みな外交交渉によって口説き落としての無血の国譲りに成功させたかのように書かれてありますが、それはおそらく彼らの後ろめたい悪しき行動を粉飾するために書かれたデマの記録であり、真相は渡来人勢力が一方的に仕掛けた侵略戦争の手段に訴えてした国盗りそのものだったと見るのが常識

的な見方であると思います。

　その時代に、日本列島にどれだけの新モンゴロイドのコリアン系の人たちが渡来したかと申しますと、埴原和郎氏の研究の試算によれば、紀元前230年以降の弥生時代とその後の古墳時代のおよそ1,000年の間に、合わせて1,000,000以上であったとし、その多くは彼らの王城がおかれた畿内の地に住みついたと推定されるとのことであります。

　ちなみに、コリアン系の征服王朝が名乗った「やまと」という国名のルーツについてでありますが、それはアイヌ語族であるエミシの人たちが好んで食べた山の幸の代表的な食べ物であった「クリの実」に由来すると考えられます。

　「クリの実」はアイヌ語で「yam（ヤム）」であり、その「ヤムが・群生する・国」ということで、彼等エミシの人たちによって初めて名づけられたのが彼らの国名の「Yam・at・mosir」だったと推定されます。ちなみに、クリの実は縄文時代中期の集落遺跡として知られる青森県の三内丸山遺跡の周辺に半ば人手の加わった植栽の形で作物化されていたということが推定されており、クリの実は縄文の昔から神々から恵み与えられる重宝な山の幸として採集されていたことが偲ばれ、古代の大和地方のエミシの人たちにとっても、クリの実は祖先以来の大事な山の恵みの食糧として縄文人たちと同様に半ば植栽の形で管理されて採集されていたということのようであります。

　したがって、この「Yam・at・mosir」の国名の真意は、「神様の・果物・群生する・美しい・国」という意味としての「Kamuy・rataskep・at・pirka・mosir」という美称だったということが推定されるのであります。そして、彼らはその

国名を分かりやすく言い換えて、「Yam・at・pirka・mosir（クリの実・群生する・美しい・国）」と称し、さらに、それが実用語として一般化されて使われるようになったのが、ここにいう「Yam・at・mosir（ヤム・アㇳ・モシㇽ）」で、＝「クリの実・群生する・国」というエミシ族の人たちの固有の言語であるアイヌ語による国名であり、それをその国を乗っ取った征服王朝によって和語に音訳され、事実上引き継がれた形として、漢字表記の「倭国（やまとのくに）」と称されるようにしたものと考えられます。

こうして、畿内に侵入してきたコリアン系の渡来人勢力の人たちが、そこに新たに統一国家を建てたということで内外に宣言したと思われるのが、ここにいう渡来人勢力の王朝が名乗る「倭国」→「大和国」であり、彼らは、征服したエミシの国の国土にとどまらず、その国名であった「Yam・at・mosir」の称までも合わせて乗っ取ったということのようであります。

こうして王都を畿内に定めた渡来人たちによる王朝勢力の国「大和」は、その後も畿内の王都を足掛かりにして東進を続け、中部地方、信越地方を次々と奪取し、6世紀ごろまでには関東地方までの領域をほぼ掌中に収め、コメ作りに適した、いわゆる「千五百秋瑞穂国」と自負して称した日本列島の大半の領域を奪取し、その囲い込みに成功したということであり、彼らが北九州に上陸して以来、おおっぴらに振りかざして収めることを知らなかった侵略戦争の大矛を、ここでようやく収めるところかと、侵略を受けていた側のエミシの国の人たちが、密かに期待するところがあったと思われるのでありますがどうだったのでしょうか。

ところが、その大和国は、663年（天智天皇2年）に、渡来前からの親邦であり、同族の国であったと見られる朝鮮半島の百済国を助けて新羅国と唐国の連合軍を相手に戦った白村江の戦いに敗れて、それまで朝鮮半島に保持していた大和国のマザーランドであった任那の領土と共にそこにあった諸権益を失い、半島から締め出される結末を迎えました。大和国はこれより先の646年（大化2年）に唐の制度に倣って、大化の改新と呼ばれた国政の大改革に取り組んでいたところでありましたが、半島から締め出されてしまったことにより、それ以後は、専らその改新の綱領に則って内政の充実に専念するところかと思われたのでありますがどうでしょうか。それがとんでもない期待外れであり、朝鮮半島にあった屯倉やその他の諸権益を含む大きな収益源を失ってしまい、その付けを、エミシの国のさらなる侵奪によって埋め合わせようという算段だったもののようであり、以前にも増してエミシの国日高見とその同類のエミシの人たちの住む出羽地方などの攻略に拍車を掛け、なりふり構わぬむき出しの威嚇と武力行使による侵略の戦いを強力に進めてきたのでありました。こうして、7世紀末には東北地方の仙台平野までの領域を占領し、724年（神亀元年）ごろに現在の多賀城市に陸奥の国の総督府ともいうべき国府兼鎮守府である多賀城を造営し、8世紀半ばまでにはその北の黒川郡以北の地に進出してそこを侵略戦争の前進拠点として固め、そこからさらに北進を強行して、759年（天平宝字3年）に、そのころ海道夷と呼んで恐れられていた北上川下流域から牡鹿半島以北の海道筋のエミシの人たちの支配領域だった桃生地方を抑えてそこに桃生城を建て、日本海側の出羽国には小勝城を造営し、

767年（神護景雲元年）には、さらに北進して当時のエミシ勢力の最大の国だった日高見国の中枢と目されていた磐井・胆沢のすぐその足元である栗原地方にまで侵入してそこに伊治城を造営し、そこからさらにその北方を窺い、ついに日高見国のまほろばの地である磐井・胆沢に総攻撃を仕掛ける構えを見せました。

　ちなみに、「日高見国」の語源は、アイヌ語の「Chup・ka・mosir」の和訳の「日・の上の・国」を称する意味としての「日な上の国」の称からの転訛の「日高見国」であったと考えられ、それがすなわち、本来の「日出ずる国」であり、＝「日の本の国」でありました。そして、当時の「日高見国」の中央を流れる母なる大河「日高見川」の称から転訛したのが今日の「北上川」であります。

　このようにして、大和朝廷勢力からその侵略の標的として狙われた7世紀末現在の日高見国の領域だったのは、現在の宮城県北の栗原郡、登米郡、本吉郡から岩手県全域と、それに秋田県北の鹿角郡に加えて青森県の三戸郡辺りまでの間のエミシの村々が、大和朝廷勢力のあからさまな侵略の形勢を意識して連合した形としての、いわば「United Villages of Hitakami（村落連合国家日高見）」と呼んで然るべき広域の領域を擁する古代国家だったと考えられます。

　史家たちのなかには、その時点で、そこに確かにエミシ族の人たちが特定の部族長の許に一定の支配領域を占有する村落が形成されたり、それらの村落が連合したりした形としての組織が形成されていたとしても、それだけをもって日高見地方が一つの国家として認められるまでには至っていなかったと、わざわざ指摘されておられるのを目にしたりするので

ありますが、そのような論拠は、日高見国がその時点において一国としての要件を備えるに至っていない未開の村落同士の緩やかな結びつきの連合体に過ぎないと指摘し、俗に日高見国と称されていた地方が例え他の国から実質的な侵略行為を受けたとしても、それは日高見地方が国家以前の未発達の組織だったのであるから、それを称して侵略戦争を仕掛けられたとは言えない、などというのが彼らの一般的な主張だったようであります。

しかし、そのような主張は、ここであらためて言うまでもなく、いわゆる「勝者の歴史観」としての一方的な見方であり、それは、正義も人道も爪の垢ほども認めようとしない侵略肯定主義者の屁理屈的史観であるとしか言えないのであります。

ここで一先ずペンを停めて思いを馳せたくなるのは、大和朝廷勢力の外交や戦争遂行にかかわる歴史を顧みるとき、その称をたびたびストレートに口にするのは日本人の一人として心苦しいものを感ずるところがありますので、かつて、琉球王国の人たちが、彼らにとって脅威の存在であった大和朝廷勢力のことを「Yamatonchiw（大和の衆）」と呼んだとのことでありますので、以下彼らのことを称するのに、そのYamatonchiwの語を借用して使わせていただきます。

古代のYamatonchiwの進める外交や戦争遂行については、どうしても看過することのできないマイナスイメージの醜い伝統があり、そのことを抜きにして公正な日本の歴史を語ることができかねますので、敢えてここでそのことについて次のように指摘したいと思います。

①かつて、日本書紀に第12代天皇であるとされている景行

天皇の時代に、時の宰相クラスの重臣だったと思われる武内宿祢が東国の視察から帰ったときに奏上したという文書のなかに、次のような文言があります。

東の夷の国の中に、日高見国という蝦夷の国がある―中略―是すべて蝦夷という。土地肥えて広大なり、撃ちて取りつべし。

② 景行天皇の皇子だったとされるヤマトタケルの熊襲征伐（和風蔑称）の門出に当たって出されたという天皇のメッセージの中に、次のようなくだりがあります。

異族との戦いでは、とかく兵員を損傷する公算の大きい正攻法はなるべく差し控えるようにし、できるだけ謀略戦術を用いて手っ取り早い勝ち方をするのがよい。異族の指導者に対しては言葉巧みに取り入って騙し討ちにして殺すのがよい。

③ また、その時、ヤマトタケルは16歳だったと書いてありますが、彼は出発に当たって、叔母のヤマトヒメから女装用の着物を授けられたとあり、熊襲国に着くと、その着物を身に着け、美少女に扮して熊襲国の王カワカミタケルの宴の席に侍ることに成功し、王に酒を飲ませて酔っぱらわせたうえで、隙を見て隠し持っていた懐剣を抜いて刺殺し、それによって熊襲征伐に勝利したと書かれてあります。

④ なお、古事記によれば熊襲国を征服したヤマトタケルは日本海回りで出雲の国に向かい、その国の王イズモタケルに言葉巧みに近づいて親交の態度を見せて信用させたうえで、予め用意して持っていたイチイの木で作った偽物の刀とイズモタケルの持っていた真刀とを、互いに取り替えて腰に下げることに成功し、そのうえで言葉巧みに切り合い

に誘い込んで切り合いをし、イズモタケルを切り殺してしまったと書かれてあります。

　以上に挙げた事柄等から、初代の天皇と言われる「カムヤマトイワレヒコ（神武天皇）」以来のYamatonchiwの政治・軍事のあり方がわかり、そこには驚くべき不正義・非人道の醜い伝統が内在している事実を知るのであります。

　Yamatonchiwは上下を問わず心の内面に上記のような不正義を不正義として恥じる心が僅かでもあったとすれば、そのような不正義をしないのが当然のことであり、もしも、例えそれを敢えてしたとしても、少なくともそれを隠そうとするのが、人たるものの少しは増しな性というものでありましょうが、それを隠すどころか、その時代の国の公式の文書ともいうべき記紀や続日本書紀などにそのような不正義の実行の事実を何のためらいもなく、麗々しく記録し、その結果を褒め称えるということは、いったいどういう神経なのでありましょうか。はっきりと申しますと、古代のYamatonchiwは、そのようなテロリズムを自ら実行し、その成功を臆面もなく賞賛し、自慢して憚らない最低のモラルの持ち主たちだったと言われても返す言葉のない人たちだったと言えると思うのであります。

　Yamatonchiwのこのようなモラル欠如のあくどい態度はどこから生まれたのかと申しますと、それは、彼らがおかれた厳しい自然環境の下で続いた困苦欠乏に耐える大陸での暮らしのなかで、自ずからの民族性として形成されたものであると考えられるのであります。それを、恵まれた島国の自然環境と社会環境の下での長く平穏な暮らしのなかで、自ずから培われたと思われる純粋なモラルのもとに生きてきたエミ

シの人たちから見れば、とんでもないあくどい人間性欠如のどうしようもない人たちの理解し難い蛮行であるとして目に映ったに違いないのであります。

そのようなモラル欠如の人たちが侵略をほしいままにして建てた王朝国家から、さらにどこまでも執拗に追い詰められていた延暦期の日高見国のエミシの人たちにとっては、とんでもない鬼・山賊供の襲来であり、隠忍の限界を超える最災厄の事態の到来であるということだったと思うのであります。

ことここに至っては、自らの民族としての誇りと自由を堅持して専守防衛のための戦いに立ち上がり、徹底抗戦をして国を守るというのは日高見国のエミシの人たちにとって、当然中の当然のことだったのであります。

こうして起こるべくして起こったのは日本史上空前の大戦争であった「日高見国侵略戦争」であり、彼らがぬけぬけと称した「蝦夷征伐（和風蔑称）」の暴挙でありました。

この「日高見国侵略戦争」と申しますのは、弥生時代から古墳時代にかけて日本列島に渡来してエミシ国に侵入したYamatonchiwが、桓武天皇の延暦期に、エミシの国の人たちの最後の砦として守りを固めていた日高見国の磐井・胆沢の地に３度にわたって大軍を送り込んで壊滅作戦を仕掛けてきた文字通りの神を恐れぬ侵略戦争だったのであります。

その第１回目の戦いは、789年（延暦８年）、光仁天皇の後を受けて即位したコリアンの王族の血を引く稀代の専制君主桓武の大号令によって始まったのであります。

桓武は参議紀古佐美を征討将軍に任命し、坂東の歩騎52,800余からなる軍団を編成して延暦８年３月初めに多賀城

に集結させ、その9日にエミシの国日高見の中枢胆沢に向けて発進させました。これを迎え撃つべくして日高見国の本拠地の胆沢で待機していたのは日高見国の王将大墓公阿弖流為と盤具公母礼の率いるエミシの国の専守防衛軍およそ1,500でありました。

　多賀城を発進したYamatonchiwの侵略軍の大軍はその月の末に衣川に達し、そこに3か所に分かれて屯営し、2か月ほどそこでもたもたしていたところを、天皇からその遅鈍さを叱責されてようやく重い腰を上げ、6月3日に前軍、中軍、後軍それぞれ2,000、総勢6,000からなる先遣戦闘部隊を編成し、前軍が北上川の西岸を、中・後軍は東岸を北上して胆沢に向かいました。彼らは進軍の道すがらエミシの村々の一軒一軒に火を放ってする「焼き討ち焼亡戦術」という卑劣な戦法を仕掛けて、総計14か村に及ぶエミシの村々を片っ端から焼き払いながら進み、目指す日高見国の中枢胆沢の巣伏に到達したところで日高見国の王将大墓公阿弖流為の率いる専守防衛軍の迎撃を受けて戦いましたが、その結果、Yamatonchiwの戦闘部隊が北上川に追い落とされて溺死する者1,036、その他の死傷者270、裸で敗走して衣川の屯営地に帰り着く者1,257を出すなどして大敗を喫しました。衣川の屯営地に残って勝利の吉報を待っていた紀古佐美以下の本隊46,000余りは、予想外の敗戦の結果の報に驚き戦き、優に数万の戦闘部隊を再編制して、直ちに巻き返し作戦に出る余力が十分以上にあったはずだったのにもかかわらず、完全に戦意を喪失して、我先にと出身地の坂東や長岡京に逃げ帰り、征討将軍紀古佐美から天皇に節刀が返えされました。

　この戦いで屈辱的な敗戦の苦汁を舐めてメンツを失った桓

武天皇は、その後5年の歳月をかけて第2回目の戦いの準備をし、794年（延暦13年）、大伴弟麻呂に節刀を授け、坂上田村麻呂ほか3名を副将軍に任命して、総勢100,000からなる未曾有の大侵攻軍を編成して日高見国の本拠磐井・胆沢に向けて再発進させました。

　この回の戦いの経緯についての詳報は、日本書紀、続日本書紀、日本後記等にもはっきりとは書き残さていませんが、僅かに箇条書き程度に書き残されてある記録を総合してみると、大伴弟麻呂が征夷大将軍として天皇から節刀を授けられたのは延暦13年正月元日で、動員された兵力の総数は100,000とあり、戦闘開始が6月13日で、戦いの戦果として挙げられたのが、首級457、捕虜150、獲馬85、焼き討ち焼亡戦術によって焼き払った村落75とありますが、首級と捕虜の数には非戦闘員である婦女子や無抵抗の老人なども含まれたものの数字だったと思われるのであります。戦いが一応終わって弟麻呂が天皇に節刀を返したのが延暦14年正月29日でありました。そして、その年の2月7日には弟麻呂以下の人たちに爵級が加贈されているというところからして、天皇としては、史上空前の100,000の大軍を投入してのこの程度の戦果では内心穏やかならぬものを感じながらも、およそ、何とか勝利したということとして締めくくり、その場を繕ったということではなかったかと思われるのであります。

　こうして苦渋の総括を行った裏には、ここでエミシの国との戦いを終わりにしたら、事実上の敗戦ということになり、天皇の面目地に落ちるということで、天皇が側近の主戦派の将軍である田村麻呂に諮って、その後に続いての第3回目の戦いの決行を目論みながらのこのような決定だったろうと想

像されるのであります。おそらく、その機に及んでの天皇の思惑のなかには、エミシの国日高見には、それまでは言葉のうえで水陸万頃の地と称されていた磐井・胆沢を含む北上盆地には、確かに言葉通り以上の肥沃で広い水陸の耕地が拓けていた事実を、現地に入った将軍たちによる直接の見聞によって確かめることができ、それが、かつて朝鮮半島に所有していた任那の屯倉などに勝る大きな戦利資産になるということがわかったこと。そして、さらにその背後に続く北上高地と出羽山脈に連なる山々には、手つかずのままに眠る金・銀・銅・鉄・鉛などの鉱脈が縦横に走り、なかんずく、その山ひだを流れる清流の河床や扇状地の砂礫の層には、やはり、ほとんど手つかずのままに眠る砂金の砂層の溜りがふんだんにできているということ等につて現実に確認できたこと。更に、陸奥の奥地やそれに続く糠部の広い山野には放し飼い同然にして飼っていても見事に育つ駿馬の牧野がえんえんと連なっているということについても、およそ事実として確認できたこと。そして、戦利品としてただ同然に手に入れて牛馬のようにこき使うことのできる大勢の奴隷要員と見られる人たちも大勢いるということなど、何れをとっても、そのすべてが天皇はじめ在京の公卿たちにとって得難い垂涎の的となる物ばかりであり、それらの物のすべてを奪い取り尽くすまでは、どうしても、このままで戦争を終わらせることができないという結論に達したものと考えられます。

　こうして、さらに進められることとなったのが、桓武天皇による第３回目の日高見国侵略戦争でありました。

　第３回目の侵略戦争の計画が立てられ、その準備が開始されたのは、前回の戦いが終わって弟麻呂が節刀を返した翌年

の796年（延暦15年）であり、坂上田村麻呂が陸奥出羽按察使兼陸奥守兼鎮守府将軍として文武の三官を掌握し、翌年の797年には4官目の征夷大将軍にも任命されて次の第3回目の戦いの準備が着々と進められました。日本紀略によると田村麻呂は同801年（延暦20年）2月に天皇から節刀が授けられ、第3回目の戦いのために磐井・胆沢の地を目指して出陣しました。この度に動員された兵力は軍士40,000とあります。

胆沢に入ってからの戦闘の経緯についての詳細な記録は、前回の場合と同様に、はっきりとは記録されていませんが、同年の9月27日に至って、田村麻呂から「夷族を討伏せり」という極めて簡単な上奏文が新京なったばかりの平安京の天皇の許に届けられたと記されており、その翌月の10月28日には田村麻呂が都に帰還して天皇に節刀を返えしたとあります。

ここで、なぜこの間の戦いの経緯が書き残されなかったのかという疑問が残りますが、そのことについては、やはり、Yamatonchiwにとって都合の良いことについては、記紀等に誇張して書き残すのがこれまでの通例なのでありますが、書き残して都合の悪いこととか将来の国民に知らせたくない後ろめたいこと等については記録に残さないか、一旦書いても後で都合が悪いと気づいたこと等については、その記録を抹消して隠滅してしまうという習わしがあったわけであります。そのような理由から経緯省略の措置として残されたのが、ほとんど空白と言ってよいくらいの簡単な戦記と言えば戦記だったということのようであります。もしかして、第1回目と第2回目の戦いの戦果として挙げられてあるエミシの

村落の焼き討ち焼亡戦術によって挙げられた戦果の数値があまりにも多過ぎたことやそのやり方が残酷過ぎたというそしりを受ける恐れがあるということで、後世にその経緯を書き残すのをためらってのこのような措置だったと考えられるところもあるのであります。また、前回 100,000 の大軍を動員してもエミシの国の降伏にまでは持っていきかねたというのに、今回の動員兵力の数値を前回の半数以下の 40,000 で済ませることとしたのは、田村麻呂自身が前回の戦いの経験から知り得た対エミシの戦術や現地の状況等から考えてみて、最も手っ取り早い勝利のための戦術が、日本書紀などのかつての資料に臆面もなくはっきりと書き残されている謀略や騙し討ち戦法とか、エミシの村々の、いわゆる「焼討ち焼亡戦術」の実行などを重点的に用いることとし、その実行を計算に入れたうえでの動員戦力の数値が意外に少ない感じのする今回の 40,000 だったということではなかったかと思われるのであります。そして、彼がその俗悪卑劣な戦術を敢えて行使することによって思惑どおりにことが運び、最も容易に、そして、最も短期間のうちに勝利することができたというわけであり、その邪悪な戦術の行使の足跡を隠蔽して残さないがためにあえてしたのが、日本書紀にある「夷族を討伏せり」というたったそれだけの戦勝報告であり、戦記と言えばそれだけの戦記だったいうことのようであります。

　それにつけても、この戦いの締めくくりの終戦処理に至るまでの経過についてもう一言触れたいと思います。

　801 年（延暦 20 年）9 月 27 日に田村麻呂から「夷族を討伏せり」というだけの簡単な上奏文が届けられてから 1 か月が過ぎた 10 月 28 日、田村麻呂は都に凱旋して天皇に節刀を

返し、従3位の階位を授けられて労をねぎらわれたのでありました。しかし、彼はゆっくりと心身を休める暇もないまま、在京およそ2か月そこそこにして、戦争終結と戦後処理に加えて、胆沢城造営に伴う新たな任務を帯びて再び胆沢の地に赴いたのでありました。そして、そこに駿河、甲斐、相模、下野等10か国から集めた浪人4,000を配置して警備の強化を図るなどして、エミシの国に対しての無言の圧力と勝利宣言の態度を見せつけながら、かねてから戦争回避の態度を見せていた親大和派ともいうべき幾人かの俘囚エミシの族長たちや戦いに疲れて、ほとんど戦意を失いかけている民衆に対しての宣撫や離反の工作も密かに進めたもののようであります。

　こうして、日に日に追い詰められていく日高見国のエミシの人たちの目の前で、新城胆沢城造営の工事が着々と進み、その威容が辺りを威圧するように見えてくるのに加えて、田村麻呂麾下の朝廷軍の残忍な戦術とその持久力の強さを見せつけられて、阿弖流為をはじめエミシの戦士たちの間に、どうしようもないもどかしさとやりきれなさが感じさせられたと思うのであります。その頃合いを見計らって田村麻呂から出されたのが、すでに帰降していた俘囚エミシの族長などを介しての阿弖流為たちに対しての講和の話し合いの打診だったと思うのであります。

　その内容は、おそらく、田村麻呂の誠意と寛容の心のこもった形に見せかけてのものだったのではないでしょうか。その話を持ちかけられた阿弖流為たちにしてみれば、延暦8年の第1回目の戦いから数えても、すでに10数年、その前の砦麻呂の乱から数えると優に21年もの間、Yamatonchiw の圧

倒的に勝る大軍を迎え撃ってのし烈で悲惨な戦いの連続で、自分たちエミシの村々が焼き討ち焼亡戦術によって何度も繰り返して焼き払われ、戦士として勇敢に戦った若者たちの多くが殺されたり、捉えられて大和の内国に拉致されていって奴隷にされたり、田畑は大和の兵士の人馬によって踏み荒らされたり、水攻めに遭って砂礫の荒蕪地にされたり、いかに山野での狩猟採集や海浜での漁労採取の暮らしに慣れた人たちであるとはいうものの、山奥や岬角の辺地に逃げ込んでの長年にわたる耐乏生活のなかでの戦いの連続では、ほとんど忍耐の限界ぎりぎりのところまで追い詰められた毎日だったと考えられるのであります。いかにこの戦いがエミシの人たちにとっての民族の誇りを守るとか、彼らエミシの先住の地である国土と財産を守る正義の戦いであるとはいうものの、このままでは、最終的には正義も人道のかけらも認めようとしない鬼畜のような Yamatonchiw の手にかかって皆殺しにされてしまうのではないか、などという恐怖のどん底に追い詰められるに至っていたと思うのであります。そこに持ち込まれたのが、Yamatonchiw の征夷大将軍坂上田村麻呂からの誠意と寛容を装った形としての講和の話し合いだったと思うのであります。そして、そのアウトラインは、阿弖流為たち日高見国のエミシの首脳である阿弖流為や母礼たちとその麾下の戦士たちを含むすべてのエミシの人たちの人命を保証することなどを内容とする無条件降伏ではない、より寛容な形としての、いわゆる条件降伏による講和の話し合いということだったのではないでしょうか。阿弖流為たちにとっては、この程度の寛容な条件を提示されての講和であったら、この際話し合いに応じてもよいのではないか、もしも話し合

いが進められるなかで彼らの口裏にYamatonchiwがよく使う謀略や騙し討ちの罠が隠されていることが感知されるようなことがあった場合には、その場で話し合いを打ち切って、蝦夷が島（北海道）などに退避して捲土重来を待つ道も残っているではないかということで、阿弖流為たちは、田村麻呂から申し入れられた講和の話し合いを受け入れることとしたものと考えられるのであります。

このようにして始めることとなったのが講和会議の予備会談だったと思うのですが、話し合いを進めるなかでの田村麻呂の態度に、たしかな誠意と温情の気配りがあるように感じとった阿弖流為たちは、田村麻呂が提示した諸条件を素直に受け入れて戦争を終わらせることを、最終的に決意し、平安の都に出頭しての講和の本会議に臨む決断をしたものと考えられます。おそらく、この時の田村麻呂が阿弖流為たちに向かって言ったのが、「麻呂に任せろ、決して悪いようにはしないから」というような勿体ぶった言葉だったのではなかったかと想像されるのであります。

こうして、802年（延暦21年）4月15日、阿弖流為と母礼は田村麻呂の提示する穏便な形としての条件降伏を内容とする講和の誘いに応ずることにし、500余りの軍士を率いて田村麻呂の軍門に降ったのでした。そして、同年7月15日、阿弖流為と母礼は講和会議に臨むためにということで田村麻呂に従って平安の都に向かいました。

とろが、一行が都の正門である羅生門に近づいたとき、そこで目にし、耳にしたのは、「大将軍凱旋万歳！」、「田村将軍凱旋万歳！」の歓呼の声と、「えぞの鬼どもくたばれ！」、「殺してしまえ！」などの怒号の声とが入り混じって聞こえるな

かでの大群衆の狂気の沙汰の出迎えでありました。このありさまを目の当たりにして我に返って気が付いたのは、何のことはない、自分たち二人は、田村麻呂将軍の凱旋入城の祝賀パレードのためにうまく駆り出された哀れな三文奴（やっこ）の役に過ぎないではないか、田村麻呂の言葉を信じてここまでやってきて、今ここでこのような屈辱を舐めさせられるとは、なんという情けない現実であろう。はたしてこの先、日高見国のエミシ族のために少しは増しな結果がもたらされるのであろうか、という密かな危惧の思いであったろうと想像されるのであります。

　こうして阿弖流為と母礼は8月13日になって、講和の話し合いどころか、いきなり一方的に公卿僉議（会議）の席に引き出されて裁かれました。その席で田村麻呂から「これら二人のエミシの頭の処分については、この麻呂の願いに任せて陸奥の奥地に帰してやることにしたい。そうすれば二人は配下の多くのエミシたちに帰服を呼びかけるなどして協力するに違いない」と諮ったと日本紀略にあるのですが、その僉議の成り行きはどうだったのでしょうか。公卿たちの厳しい執論に遭い、「いくらこの大戦の凱旋将軍である田村麻呂の願いであっても、エミシは野性獣心にしてすぐに造反して恩も愛も顧みない徒輩である。今大将軍の請に従って二人を陸奥の奥地に放還するということは、いわゆる虎を養って将来に患いを遺すことになる。即座に捕縛して斬首すべきである」という厳しい裁定が下されたとのことであり、二人の王将はこの裁定に基づいて直ちに捕縛され、河内国杜山という所で斬首の刑に処されて死んだと記録されております。

　日本紀略には、田村麻呂はこのようにしてあたかも二人の

エミシの王将たちを庇って公卿僉議に諮って、二人の助命と無罪放免の働きかけをしたかのように書き残されておりますが、本当のところはどうだったのでしょうか。

　この辺りのことについて筆者の思うところでは、田村麻呂は時の政権の中枢を司る公卿きっての実力者であり、しかも時の天皇桓武から節刀を授けられて出征してエミシの国との戦いで勝利して帰還したばかりの凱旋将軍であり、その本人のたっての願いであり、その戦いの終戦処理の案件の一つである阿弖流為たちの助命と放還にかかわる件であるにもかかわらず、公卿たちの反対に遭って否決されてしまったということのようでありますがどうでしょうか。自ら前線に赴いて並はずれの才覚と力量を発揮して戦いを勝利に導いた当の田村麻呂が、戦陣の埃をただの一度も被ったことのない在京の白面の公卿たちの思わぬ反対に遭ったからといって、「はいそうですか」と素直に引き下がらなければならないようなことは、現実にあったとは考えられないのであります。それよりも、エミシの国の人たちを、頭から東夷・北狄と称して蔑視して人間扱いにしようとしないばかりか、その存在すらも認めようとしない天皇桓武の、「何を馬鹿な、朕の威光を無にして朕の股肱である数多の軍士を殺した不届き者の頭目二人を、このまま生かして国に帰すなど、とんでもないことである。即刻刑場に引きずり出して斬首せよ」と、一喝されてそれに従ったというのが真相だったのではなったかと考えられるのであります。

　この機に至って、田村麻呂としては、阿弖流為と母礼の二人を生かしてエミシの国に帰してやるなどということは、並み居る公卿たちは兎も角も、名代の専制君主桓武がどうして

も認めるはずがないということぐらいは、彼自身が節刀を授かる前のとうの昔からわかりきっていたことだったと思うのであります。そのことを予め知っていながら、彼が用いたのが、やはり、彼らYamatonchiwの常套手段の一つである騙し討ち戦法による講和の話し合いであり、二人の日高見国の王将の処刑の責任を公卿たちにお仕着せる形としての筋書を、予め読んでいたうえでのそのような演技としての行動だったと思うのであります。

　つまり、阿弖流為と母礼の二人を穏便な形での講和を口実にして、首尾よく平安の都に連れ出して、自分自身の人生の一世一代の花道である凱旋入場のセレモニーの打ってつけの引き立て役に使えばそれでいいではないか、竣工したばかりの平安京の城門の中に入ってしまってからの二人の処分など、最終的にはどうなろうと構わないことであるという内なる下心を隠し持っていたうえでの上洛連行だったと考えられるのであります。そして、阿弖流為たち二人の王将の最期の時を迎えてからの田村麻呂の言い分は、「麻呂の力ではどうにもならなかった。まさか公卿たちが、この麻呂の切なる真の願いを、このような形で無にするなどということは夢にも思わなかったのだ」と呟いて頬被りを決め込んでしまったというのが真相だったのではないでしょうか。まことに後味の悪い最低の形での幕引きだったのであります。

　田村麻呂から講和の話が持ちかけられたとき、阿弖流為や母礼たちとしては、今度こそYamatonchiwには騙されまい、そうやすやすと騙されてなるものかと思いながらも、田村麻呂のまことしやかな口ぶりにまんまと乗せられて、このようにして収めることが自分たちエミシ族の滅亡の回避につなが

る唯一で最後の機会であるとの思いのもとに甘んじて受け入れることとしての講和の話し合いであったと思うのであります。ところがそれが最終的に見事に裏切られてしまい、阿弖流為と母礼の稀代のエミシの王将二人が河内の杜山の地で、あえなく斬首されてすべてが終わったということだったのであります。

　それにつけても、ここでもう一つ気にかかることがあります。それは、その時阿弖流為と母礼に従って降伏した500余りのエミシの戦士たちの行方はどうなったかということであります。彼らを放免して日高見国のそれぞれの生まれ故郷のコタンに帰してやったという意味の文言が、続日本紀、日本後記、続日本後紀等のどの歴史資料のなかにも見当たらないのでありますがどうでしょうか。これも都合の悪いことは書き残さないという記紀等の記録の習わしによって闇から闇に葬られてしまったということなのでしょうか。その安否のほどが思いやられてなりません。あるアイヌ系の知人がくしくも筆者に洩らしたのは、次の一節であります。

　sisam（和人）と私たちアイヌとの関係の歴史は、今度こそ騙されまい、騙されてなるものかと思いながらも、そのうちにいつの間にか騙されている自分たちに気付いて、最後に泣き寝入りをする、それの繰り返しだったのです。阿弖流為たちの最期の時もそのようにしてやられたのに違いないのです、と呟いてため息をついておられました。

　阿弖流為と母礼は、802年（延暦21年）8月13日に河内国杜山の地で斬首の刑に処されて死にましたが、巷の伝説によれば、その時二人の王将の魂が真っ赤に燃える人魂となって天空に飛び上がり、京の都の空を悲痛な唸り声を挙げなが

ら3周してから東の方角に方向を変えて飛び、日立国鹿島の上空に至って地上に落下したという話と、さらにその北の方角に向かって飛び、日高見国の聖なる神の山岩手山の上空に達してその山頂に落下したという話があります。

　この話にある阿弖流為と母礼の人魂が京の都の上空を悲痛な唸り声を挙げながら3周したというのは、Yamatonchiw が一方的に仕出かした侵略戦争によって、エミシの国の同胞たちの多くが故なく殺され、国土の大半を奪い取られ、挙句の果てに、自分たち二人の命までも騙し討ち同然にして奪い取るなど、憎い Yamatonchiw に対する彼ら二人の王将の怨念と憤怒のデモンストレーションとしての人魂の飛翔だったということでありましょう。そして、その人魂が、方向を変えて東の空に向かって飛び、常陸国鹿島の上空に至って地上に落下したというのは、そこがその昔のエミシの国日高見の国人たちの本来の祖国であり、彼らの先祖が眠る墳墓の地であったからであり、そこからさらに北に向かって飛び、日高見国の聖なる神の山岩手山の上空に達してその山頂に落下したというのは、その時点に至って岩手山が彼ら日高見のエミシの人たちの霊魂の眠る聖なる神の山であり、彼等民族のいわゆる霊山だったからであると考えられます。

　平時であれば、彼ら二人の王将たちの亡骸は、エミシの国の国葬の格式をもってこの岩手山に懇ろに葬送されるのが当然中の当然だったのにもかかわらず、それが、事態の性質上どうしても叶えられないことであると自覚した二人の王将の魂が、自ずから人魂となって敵地の上空を怨念の唸り声を挙げながら飛翔してから、自らの故国の聖なる神の山である岩手山に、自らの念力で飛んで還って入山したということだっ

たのであります。

　このようにして、二人の王将たちの葬送の儀式を、生き残ったエミシの国の人たちが、自分たちの手で公然かつ厳粛に執り行ってやることができなかったということは、彼らエミシの国のすべての人たちにとって、まことに悲しく痛ましいことであり、この上ない残念至極なことだったのであります。

　アイヌ族の人たちにとって、人が死ぬということは、人が本来の姿である「霊魂（神）」に還って、肉体から抜け出して彼らの本来の根源の住まいである「神の山」に帰って行くものであり、そこへ旅立つ「霊魂（神）」を、この世に生き残る同胞たちがこぞって、懇ろにサポートして送り届けて差し上げる、というのが、いわゆる「葬送の儀式」なのであります。

　このことを称して、アイヌ語で「i・iwak・te・i（イ・イワㇰ・テ・イ）」→「iwattei（イワッテイ）」＝「聖なるそれ（神＝霊魂）を・彼（神）のクニに送り帰して・やる・所（山）」と言い、これに該当する山が、すなわち、かつては日立国の「鹿島の聖地」であり、その時点（平安期）に至っては日高見国の聖山「iwattei（岩手山）」であったということなのであります。

　ちなみに、「i・iwak・te・i」が音韻変化を伴って「iwattei（イワッテイ）」と発音されますが、それは、「クマ祭りの斎場」のことを称する「i・oman・te・i」→「iyomantei（イヨマンテイ）」の語がありますが、その「iyomantei」とは、その対象に人間とクマとの違いがあるものの、そのどちらもが同じアイヌ族の気高い精神文化の現われである、いわゆる「もの（御魂）送りの場所」で、つまり、「葬送の儀式の斉場」

そのもののことなのであります。

　次に思いやられることは、延暦〜弘仁のころにYamatonchiwから侵略戦争を仕掛けられて敗北して日高見国の遺民となったエミシの人たちのその後の行方はどうなったのかということであります。

　彼らは、偉大な二人の王将と共に同胞の多くが殺されたり、Yamatonchiwの内国に移配（拉致）されて行って奴隷にされたりして、彼らの故郷から姿を消しましたが、かろうじて生き残った人たちは、津軽や糠部の山中や僻遠の岬角の地などに隠れ住んだ者もいました。そして、彼らの一部の気骨ある者たちはYamatonchiwの占領地に留まって彼らの前に跪いて暮らすことを潔しとせずとして、津軽海峡を渡って蝦夷が島（北海道）に移住した人たちもいたもののようであります。その事実は、道内に残る幾つかの遺跡から日高見国のエミシの墳墓から出土する遺品と思われる蕨手刀などと同種の蕨手刀が意外に多く出土することなどから推理できるのであります。

　また、この時、津軽半島の突端辺りに踏み留まってYamatonchiwから「蝦夷」と呼ばれ、「狄（いぬ）」と呼ばれて差別され、虐げられながらも、日本列島の先住者であるアイヌ族としての誇りを堅持して、長く生き抜いた人たちもいたことは周知の事実であります。

　桓武天皇によって行われた第1回目から第3回目までの日高見国侵略戦争は、Yamatonchiwがエミシの国日高見に対して行った戦争のうちでもとくに大きな戦争であったということは前述の通りでありますが、その第1回目の戦いでは阿弖流為たちの激しい迎撃に遭い、予期しなかった思わぬ敗戦

の苦杯を舐めさせられたものの、侵略の鬼と化した時の天皇桓武は、膨大な戦費と戦力を投入して第2回目、第3回目の戦いを挑んで、何とか最後の勝利をかちえたもののように、客観的には見えたと思われたのであります。

ところが、彼らは、その第1回目から第3回目までの戦いで取り残した爾薩体・閉伊地方に、引き捉えて意のままに酷使することのできる奴隷要員としてのエミシや糠部特産の駿馬が、まだまだ多く取り残されているということだったのでしょうか、国の財政の疲弊や人民の苦しみも顧みず、804年（延暦23年）に第4回目の侵略戦争を画策してその準備に取り掛かったのでありました。ところが、さすがの暴君の桓武も、参議の藤原緒嗣たちの財政の立て直しと民生の安定が急務であるとする、いわゆる「天下徳政の論議」を聞き入れざるを得なくなり、しぶしぶ開戦の中止の決定を下したのでありました。

こうして桓武天皇の第4回目の侵略戦争が回避されたのでありましたが、その2年後の806年（大同元年）3月に桓武天皇が亡くなり、それから5年後の811年（弘仁2年）5月には、征夷大将軍であった田村麻呂も死に、日高見国や出羽のエミシの人たちにとっては、何はともあれ、日高見国や出羽の尊い人命と富とを餌食にしてなおやまなかった一番目と二番目の鬼の頭目だった怖い二人がこの世を去ったということで、長年続いた地獄の責苦の暮らしから解放されるのではないかと、しばし、密かに期待したところもあったと思われるのでありますがどうだったのでしょうか。

ところが、そのような期待はその直前の4月に陸奥・出羽按察使に新たに任命されて赴任した文室綿麻呂たちによって

完全に覆されたのでありました。彼らは、811年（弘仁2年）2月5日に先の第3回目の戦いで取り残された爾薩体・閉伊の二村を陸奥・出羽の鎮兵26,000をもって討伐したいので許しを得たいと中央政府に申し出たのでありました。時の天皇嵯峨（在位809〜823年）は、綿麻呂たちのその申し出を前向きに受け止め、「これを許す」ということになり、その年の4月17日に綿麻呂が征夷将軍に任命され、同19日には天皇から「国の安危この一挙にあり、将軍勉めよ」という桓武まがいの大げさで勇ましい激の勅が下されて、いわゆる「爾薩体・閉伊の征夷」の「いかがわしい侵略戦争」がいとも簡単に再開されたのでありました。

　筆者がここで、その戦争のことを「いかがわしい侵略戦争」と申しますのは、次のような次第による戦争だったと見るからであります。

①いわゆる「夷をもって夷を征する戦い」の丸見えする侵略戦争だった。

②陸奥・出羽按察使文室綿麻呂と出羽守大伴今人たちによってでっち上げられた「奴隷狩り、馬盗り」を目的として開戦された侵略戦争だった。

③桓武第1回から第3回にわたる侵略戦争によって既に壊滅状態にされて戦う意志も戦力もなくなっている地方に対して行った正義のかけらも見当たらない横暴かつ無用の侵略戦争だった。

　どうしてこのように要約できるのかと申しますと、次のように説明することができるからあります。

　この戦いの発端となったのは、811年（弘仁2年）早春の雪の早朝に、邑良志閉村の都留岐という俘囚エミシの族長ら

しい男の率いる300ほどの俘軍が爾薩体村（現二戸市二左平）に奇襲をかけて60余りのエミシを殺し、その村の族長らしい男の伊加古ほか一部のエミシたちがかろうじて脱出し、八戸在の都母村に逃れて地元のエミシの人たちに保護されるという事件が起こりました。ところがこの事件の発端を探ってみると、蔭に陸奥出羽按察使兼陸奥守文室綿麻呂や出羽守大伴今人たちが、親大和派と見られる都留岐と反大和派と見られる伊加古との間に、サケ川か狩場か何かにかかわるテリトリー争いが起こって対立している事実があり、それを知った今人がこれ幸いと都留岐にコメ百石を与えて買収して伊加古の村を襲撃させるという、いわゆる「夷をもって夷を征する」いかがわしい戦略に打って出たもののようであり、このことは日本後紀弘仁2年7月23日の条によって明らかであります。

　これはまさに彼らYamatonchiwの常套戦術の行使そのものであり、その目的は爾薩体・閉伊地方に対する「奴隷狩り、馬盗り」の侵略戦争開戦の口実をねつ造するための謀略だったと思われるのであります。

　実は、この地方は先の桓武天皇の前後3回にわたって行われた日高見国侵略戦争により、Yamatonchiwが狙った水陸万頃の豊穣の地としての磐井・胆沢の地をはじめ砂金や金鉱の眠る北上山地の宝の山の大半をすでに奪取したことにより、彼らの当初の戦争目的であった日高見国の目ぼしい大方の戦果が手に入ったと思われるのに、どうしてその北辺のコメの実らない寒村だったと思われる爾薩体・閉伊の地方までも、さらなる侵略の対象としたのかと申しますと、そこにはYamatonchiwの天皇を始め時の大宮人たちの暮らしにとっ

て欠かすことのできない「奴隷」と「駿馬」が取り残されているというところから、それを攻めて奪取しようという魂胆からの征夷だったと考えられるのであります。

　その事実を裏付ける資料として続日本紀811年（弘仁2年）10月13日の条に、その時の戦いである「爾薩体・閉伊の征夷」の征夷将軍に任命された文室綿麻呂から中央政府にあてた戦況報告の中に「斬獲稍多く、帰降少なからず、云々」とあるのに対して、天皇から折り返し発せられた次のような勅があります。

　　其れ蝦夷は、請に依り、須らく中国に移配すべし。ただし俘囚は便宜を図って当土に安置し、勉めて教諭を加え、騒擾させるなかれ。また、新獲の夷は、将軍等の奏に依り、宜しく早く進上すべし。人数巨多、路次報き難し。其れ強壮の者は歩行させ、羸弱の者には馬を給えよ、とあります。

　この勅の中に「新獲の夷は将軍等の奏に依り宜しく早く進上すべし。人数巨多、路次報き難し。其れ強壮の者は歩行させ、羸弱の者には馬を給えよ」とあるのは、この時の「爾薩体・閉伊の征夷」の大きな戦争目的の中に明らかに「新獲の夷の捕獲」と「俊馬の奪取」の狙いがあったということがわかるのであります。

　ちなみに、ここに言う「新獲の夷」とは「新しく捕えたエミシの捕虜」のことであり、それはすなわち、「奴隷要員」を意味し、その「奴隷要員を早く捕まえて連行してきて天皇に進上するようにせよ」ということであります。そして、「羸弱の者には馬を給えよ」とあるのは、当時すでに駿馬の名産地として知られていた糠部の南部に位置する爾薩体・閉伊地方の「駿馬を戦利品として奪取し、その馬の背に奴隷要員と

して駆り集めた女子供を乗せて連れてこい」ということだったのであります。

ここで見落としてはならないのは、当時のYamatonchiwの支配層にとって、エミシの成人はもとより、女子供までもが奴隷として重宝がられて拉致されたということであり、この時代のYamatonchiwにとって、エミシの戦時俘虜と特産の駿馬がどれほど大事な戦利の対象であったかということがわかるのであります。

この奴隷要員としての戦時捕虜については、それよりも30年ほども前の続日本紀780年（宝亀11年）6月28日の条にも、ときの天皇光仁が、陸奥に侵攻させた政府軍が天皇の期待するほどの戦果を挙げることができずにもたもたしているのをじれったく思い、早く征討の成果を挙げるようにせよという督戦の意味の勅を発しましたが、その勅の文中に「佇んで俘を献ずるを待つ」という文言が見えます。この場合の「俘」と申しますのは、奴隷要員としての戦時捕虜のことであり、Yamatonchiwが引き起こした古代の侵略戦争の目的のなかに、国土や財物の侵奪があったのでありますが、それに合わせて奴隷要員としての戦時捕虜の捕獲が意外に大きな戦争目的にされていたという事実があることがわかるのであります。

このことについて思い出されるのは、筆者が少年のころ、隣家に歴史に詳しいインテリ爺さんが住んでいて、冬の夜長の囲炉裏端で爺さんが語る昔話に耳を傾けたものであります。

その話の中に出てくる「蝦夷征伐（和蔑称）」のストーリーに登場する田村将軍や綿麻呂将軍たちが、蝦夷征伐の戦いに

勝って都に凱旋するときに、将軍たちがエミシの国からのお土産を持って帰るのを首を長くして待っていたのが在京の天皇や公卿たちだったと言い、そのお土産のうちで一番目に喜ばれるのはエミシの国の美少女たちで、二番目に喜ばれるのは糠部の駿馬で、三番目に喜ばれるのは、エミシの国の壮健な若者たちだったとのことでありました。
　お土産として一番目に喜ばれたというエミシの美少女と申しますのは、彼女たちは時の権力階層であった公卿たちの邸に引き取られて婢（はしため）として、下働きの仕事に使われるのでありますが、根が美形で心根が優しかったところから、引き取り先の邸に入ってから初めに行儀見習いをさせられ、それが終わるか終らないうちに邸の当主の公卿かその一族の公達の誰かの「お手付き」となり、側女（そばめ）に取り立てられるケースが意外に多かったということであり、その側女の候補としてのエミシの美少女の需要を満たすための手っ取り早い手段として仕出かされたのが、つまり、「奴隷狩り・馬盗りの戦い」と見られる「爾薩体・閉伊の征夷」だったということができるというわけであります。
　ちなみに、「奴隷狩り・馬盗りの戦い」で戦時捕虜となったエミシの美少女が、京の都の公卿たちの側女になり、その間に生まれた娘が両親の美形を受け継いで京美人と呼ばれる身となる、それがそもそも世にいう京美人のルーツなのであるというのであります。つまり、京美人とは、エミシの優しい美少女と京の都の公達との掛け合わせによる二世、三世の美形の血筋を受け継いだ美人女性のことであるというのであります。
　話のついででありますが、世にいう秋田美人のルーツが京

の都から出羽城や秋田城に赴任してきた公卿たちの落胤やその血を受け継いだ女性たちであるかのように言われたりしているようでありますがどうでしょうか、筆者の思うところでは、そうではなく、彼女ら秋田美人のルーツは、阿倍比羅夫の北航（658年）のおりに比羅夫の前に進み出て服属を誓ったといわれる秋田のエミシの族長とみられる「恩荷」たちの血を色濃く受け継いでいる地元のエミシ系の女性たちであると言いたいのであります。そして、平安期の美女として一斉を風靡した秋田美人の代表格である小野小町も、まさにその恩荷たちエミシの血筋の流れに属する心優しく色白で二重瞼の彫りの深い顔立ちの女性たちであったと考えられるのであります。

　エミシの国侵略戦争からの凱旋将軍たちのお土産として二番目に喜ばれたという「糠部の駿馬」と申しますのは、京の都の若い公達たちにとっての今日の自家用高級車のようなものであり、いざ天皇の命を受けで戦場に出陣するときにはその駿馬と生死を共にする運命の絆の馬であり、彼らにとってのその馬は超大事な存在だったのであります。そして、それは何といっても、日高見国の糠部や閉伊のいわゆるえぞ仕立ての駿馬に限るということだったというのであります。

　凱旋将軍たちのお土産として三番目に喜ばれたというエミシの若者と申しますのは、当時の律令社会の最下層を支える大事な階層の構成員としての奴隷ということであり、どうしても欠かすことのできない存在だったのであります。つまり、ピラミッド型の律令社会にあっては、その大事な底辺を支える奴隷階層が縁の下の力持ち的存在ということで構造的に見てもそれなりに大事な存在だったわけであります。

奈良・平安の中央集権の律令時代の身分社会の国にあっては、天皇を頂点に、それを取り巻く公卿たちによる上意下達の身分社会であり、その社会構造の最下層を支えた力持ち的存在だったのが、奴婢と言われた奴隷階層の人たちであり、その最下層の人たちの仕事として彼らに強制的にあてがわれたのが、屠児・キヨメ・餌取・濫僧・川原人・エタ・非人など社会の構造上欠かすことのできない大事なパートであり、彼らはその最下層のパートを支える大事な身分であるにもかかわらず、被征服者であるがゆえに、基本的人権である職業選択の自由、居住・移転の自由を剥奪され、強制的に一定の区画内に囲い込まれて暮らし、その奴隷主である天皇や公卿たちによって売買・譲渡の対象にもされました。後にその人たちが、いわゆる「部落民」と呼ばれて、後の世までも差別を受けて暮らしました。ちなみに、奴隷主の支配から逃れて山中や川原で自由に暮らした人たちもいて、その人たちのことが「サンカ」などと呼ばれました。
　以上の説明から、「蝦夷征伐」の称で呼ばれたYamatonchiwによるエミシの国侵略戦争のころの日本国にあっての被征服者の立場に追い詰められたエミシの人たちのあまりにも悲惨で苦しい運命の歴史の一面があったのであります。
　ここで念のため「部落民」などと呼ばれるようになったその人たちの名誉のために、声を大きくして一言二言申さなければなりません。それは次の通りであります。
　そもそも「部落民」と呼ばれるようになった人たちの真実の身許は、日本列島の原住民であり、先住者であった縄文人を祖とするエミシ族の人たちであります。そして彼らは日本

列島の先住の民として、ほかの誰にもその存在を憚ることもなく、自らの同胞の先祖たちが選んだこの美しい大自然の中にあって、自らもその自然の一員と心得、分を弁えて、およそ平和の裡に生きてきたアイヌ語を話す生粋のアイヌ系民族だったのであります。

　思い起こせば、そのアイヌ系民族の住む日本列島に紀元前230年ごろからおよそ1,000年間に、主として朝鮮半島から、海峡を越えて大挙して武力侵攻してきた人たちがいたのであります。その渡来人たちが、この日本列島に侵入してきて、我が物顔に居座って強引に建てた征服国家が、すなわち、Yamatonchiwの国「大和」でありました。そのYamatonchiwから、エミシの人たちの先祖伝来のテリトリーを、次々と問答無用に侵奪され、略奪されて止む無く専守防衛の戦いに立ち上がって戦ったものの、力尽きて武運拙く捕虜となった、そのエミシの人たちこそが、Yamatonchiwに拉致され、彼らの内国に連れて行かれて奴隷の身分として公卿の邸などに分け与えられて酷使される身となったのでありました。それが、すなわち、延暦〜光仁のころのエミシの勇者とその家族たちの故なき悪夢の運命の末路の姿だったのであります。しかし、元を正せば、彼等こそが、日本列島のれっきとした先住民であり、由緒正しいクニの主であったはずなのであり、彼らの国土である大自然をこよなく愛し、自然との共生を実践して平和に生きたいわゆる神に愛された選民だったのであります。その彼等から「蝦夷」と呼ばれ、「夷狄」、「狄（イヌ）」とまで呼ばれて差別され、所によっては「部落民」と呼ばれて苛まれ、搾取と差別を受けながら生きてきたのであります。何という不合理で許し難い現実だったので

ありましょう。

　ここで関連して思い起こされるのは、津軽藩の宝暦期（1751〜1755年）に藩の執政だった乳井貢によって解放されるまで、その存在が無視されて無国籍の「異族」として扱われ、「狄（イヌ）」と呼ばれて差別されながらも津軽半島の突端周辺の地に踏みとどまって、最後まで南から押し寄せてくるYamatonchiwの差別と侵奪に屈することなく、日本列島先住のエミシ族としての誇りとその文化を堅持して生き抜いた人たちがいたことであります。彼らのその壮挙は心から称えて余りあるものであると思います。

　そして、現に北海道におよそ25,000を数えるというアイヌ民族の人たちも、この北海道の大地を神々の取り仕切る天与の大自然の世界と認識し、その真摯な一員としての天分を悟り、かつ弁えて、大自然の神々にその日その日の感謝の祈りを捧げながら、およそ平和のうちに暮らしてきた人たちであります。

　ところが、彼らのその聖なる国土を、かつてのある時、唐突に海峡を渡って現われたYamatonchiwに、彼らアイヌの人たちが神々から授けられた聖なる川と心得て、決して乱獲をすることなく、その環境の保護に努めながら生きてきた大事なサケ川の入漁権を故なく奪取され、豊漁のニシンの海の漁場も同様にして横取りされ、独占されたうえに、理由なくしてそこで働く奴隷の身分に蹴落とされて酷使され、年老いては働きが悪いという理由で使い捨てにされて死んでいくのが当然のことのように扱われました。

　また、そのようにしてサケ川のエリアから締め出されたアイヌ老人が、域外の山奥まで分け入って苦労して捕ったサケ

を、干サケに加工して彼等 sisam（和人）の一味が勝手に居座って旗揚げした「藩」とやらの徒輩が独占して経営する生産と収奪の場である知行所（場所・運上屋ともいう）に、彼らが生きるためにやむなく持って行ってコメと交換するのでありますが、その交換比率はどうだったのでしょうか、本土での和人間の取引では 4 斗（40 升）入りのコメ俵入りのコメをもって 1 俵と不文律で決まっているのに、アイヌとの取引では和人が 8 升入りのコメ俵をもって 1 俵だと称して引き渡し、その 1 俵の代償としてアイヌの人たちから受け取る干しサケの数量は 200 尾というのでありました。この場合の交換比率は、sisam がアイヌを相手に一方的に力ずくで決めたいかさまの固定相場だったのであります。

　この交換比率をもって取引の中身を計算してみるとどうでしょうか。仮に、アイヌが差し出す干サケ 1 尾が 500 円として、それが 200 尾だとすると、その値が締めて 100,000 円ということになります。これに対して、アイヌが受け取るコメの数量は僅かに 8 升ということでありますから、1 升につき 300 円として計算しますと、8 升入りのコメ 1 俵で 2,400 円ということになります。ということは、アイヌが Yamatonchiw から 100,000 円代もの干サケの提供を受けるのに対して、その代償としてたった 2,400 円代に相当するコメを引き渡されるということであります。何という桁外れの不平等な物々交換でありましょう。その比率は、およそ 40 対 1 という計算だったということになるではありませんか。これは、まさに封建領主の強権を振りかざしてする白昼公然の強請・強奪に類する悪徳行為であり、人権無視の最たるものであります。

それにつけても考えさせられるのは、日本列島の主であり、北海道の先住者であったはずのアイヌ族の人たちの今日の人口が、道内僅かに25,000という数値になっているというのはどういうことなのでしょうか。そしてまた、日本列島にYamatonchiwが侵入してくる前の縄文時代の中期の日本列島の人口は、常識的に推定して、北海道地方50,000、東北地方50,000、関東地方50,000、中部地方50,000、近畿地方以西の全部の地方を合わせて50,000で、合計およそ250,000であったろうとはじき出されておる信頼に値する計算事例があるわけなのでありますが、この数値を今日の人口統計などを見ながら考えてみますと、北海道の人口は、縄文中期の50,000から、現在およそ101倍の5,460,000（2014年1月1日現在）に増加し、東北地方6県の総人口は、同じく50,000からおよそ184倍の9,200,000ほどに増加しているのがわかります。ところが、北海道の現在の総人口の5,460,000から、現存のアイヌ族の人たちの数25,000を差し引いた5,435,000が北海道の現有のsisamの人口であると見られますので、それに比して現有のアイヌの人たちだけの実数の25,000と申しますのは、あまりにも少なすぎる数値であります。アイヌの人たちは、縄文の昔からこの恵み豊かな天与の大自然の大地の上にその主として長く先住してきたはずなのに、縄文中期の50,000から、増えるどころか、かえって半数の25,000に減少しているのであります。
　それに引き替え、sisamの人口だけが、およそ0から5,435,000に超大幅に増加しているわけであります。つまり、そのsisamの増加した人口と申しますのは、そのほとんどが津軽海峡を渡ってこの北海道に押しかけて渡来した

Yamatonchiw の子孫の人たちであるというわけなのであります。

　ということで、ここで問題に思うのは、北海道の先住者であったはずのアイヌ族の人たちの人口が、その豊かな自然環境に恵まれた優位な生活条件のもとにあったはずなのにもかかわらず、増加どころか、東北地方やそれ以南の地方と比べて、相対的に大きく激減しているということであり、この現実はどういうことなのでしょうか。この事実は、明らかに、彼ら北海道の先住者だったアイヌ族の人たちが Yamatonchiw による終始徹底した国盗り、殺戮、収奪、差別などの責苦にさらされ続けてきたからこその今日のこの数値であるということになると思うのであります。彼らが、もしも、誰からも国盗り、殺戮、収奪、差別などの責苦に遭わずに、与えられた天与の豊かな自然と共に平穏無事に暮らすことができていたとしたら、彼らは、北海道の現有の総人口のおよそ 5,460,000 の数値には及ばないとしても、少なくともその 2 分の 1 の 2,730,000 か、もしくはその 3 分の 2 の 3,640,000 には達していたであろうと考えられるのであります。それがどうでしょうか、現在わずかに 25,000 しかいないという現実は何を意味するものなのでありましょうか。私たちはこの現実を直視しなければならないと思うのであります。

　かつて、日本列島の先住民族であり、北海道の同じ先住民族でもあったアイヌ族の人たちの住む最後のユートピアだったとも言えるこの北海道に、11 世紀以来、決して招きはしなかったのに、厚顔不躾にも、勝手に次々と押しかけてきた Yamatonchiw、しかも、はっきり言って氏素性も定かでな

い食いはぐれ者ではなかったかと思われるような押し掛け者たちが、開き直るようにして勝手に名乗って縄張りをして居座った徒輩と、その徒輩たちと結託した悪徳商人たちに、本来の先住者であり、主であったはずの北海道アイヌの人たちがどれだけ酷い目に遭わされたかということは、数え上げるに暇がないほどであります。その厭らしさとふてぶてしさにまみれた蛮行の数々は筆舌に尽くしがたいものがあります。

　このことが先に触れた北海道のアイヌ族の人たちの異常なまでの人口減少の根源の理由であったということは、自ずから明らかであり、今更論を待たないところであります。心からの同情と義憤の念を禁じ得ないのであります。

　しかし、筆者としてこのことについては、あまりにも気の毒であり、そしてつらくて、平常心でその一つ一つの事例を挙げて語ることは差し控えることといたします。その代わりとして、ここで、北海道のアイヌ族の同胞たちが何者かに強制的に辿らされたその筆舌に尽くし難い受難の歴史の真相を、はっきりとポジティブに書き連ねることは意識的に避けながら、言葉を選んでネガティブに、そして上品にそれとなく書き残された当のアイヌ族の偉大な故人がおられますので、その人が書き残されたその名文章をここに紹介させていたき、筆者の言いかねるところをその中から読み取っていただければ幸いに存じます。

　その名文章と申しますのは、アイヌ族の祖神「アイヌラックル（オキクルミ）」の申し子ではなかったかと思われるアイヌ系の才媛知里幸恵さんが、1922年（大正11年）9月18日、まさに昇天なされるその当日（享年19歳）に、東京の金田一京助先生の邸で奇しくも遺作として書き残された「ア

イヌ神謡集(序文)」であります。この一文を二度ならずとも、一度だけでも心して読まれれば、自ずからわかるのが性善なるアイヌ族の人たちの切なる魂の叫びであり、血の訴えであります。今日自らを罪穢れのない真っ当な日本人と思い込んでおられるすべての人たちに、もう一度心を込めて読んでいただき、彼女の声の裏に見え隠れする彼女らアイヌ族の人たちの内なる声を読みとり、理解してあげてほしいと思うのであります。そして、前記の彼等アイヌ族の人たちの異常なまでの人口減少の謎についての真相をもう一度心静かに慮ってやってほしいのであります。

——「アイヌ神謡集」序文——
　　　　　　知里幸恵編著「アイヌ神謡集」から
　　　　　　　　　　　　　　　（郷土研究社発行）

　其の昔此の広い北海道は、私たちの先祖の自由の天地でありました。天真爛漫な稚児の様に、美しい大自然に抱擁されてのんびりと楽しく生活してゐた彼らは、真に自然の寵児、何と云う幸福な人たちであでせう。
　冬の陸には林野をおほふ深雪を蹴って、天地を凍らす寒気を物ともせず山又山をふみ越えて熊を狩り、夏の海には涼風泳ぐみどりの波、白い鷗の歌を友に木の葉の様な小舟を浮かべてひねもす魚を漁り、花咲く春は軟かな陽の光を浴びて、永久に囀る小鳥と共に歌ひ暮らして蕗とり蓬摘み、紅葉の秋は野分に穂揃ふすすきをわけて、宵まで鮭とる篝も消え、谷間に友呼ぶ鹿の音を外に、円かな月に夢を結ぶ。嗚呼何といふ楽しい生活でせう。平和の境、それも今は昔、夢は破れて

幾十年、この地は急速な変転をなし、山野は村に、村は町にと次第次第に開けゆく。
　太古ながらの自然の姿も何時の間にか影薄れて野辺に山辺に嬉々として暮してゐた多くの民の行方も又何処。僅かに残る私たち同族は、進みゆく世のさまにただ驚きの眼をみはるばかり。而もその眼からは一挙一動宗教的感念に支配されてゐた昔の人の美しい魂の輝きは失はれて、不安に充ち不平に燃え、鈍りくらんで行手も見わかず、よその御慈悲にすがらねばならぬ、あさましい姿、おお亡びゆくもの――それは今の私たちの名、何といふ悲しい名前を私たちは持ってゐるのでせう。
　其の昔、幸福な私たちの先祖は、自分の此の郷土が末にかうした惨めなありさまに変らうなどとは、露ほども想像し得なかったのでありませう。
　時は絶えず流れる、世は限りなく発展してゆく。激しい競争場裡に敗残の醜をさらしてゐる今の私たちの中からも、いつかは、二人三人でも強い者が出て来たら、進みゆく世と歩をならべる日も、やがては来ませう。それはほんとうに私たちの切なる望み、明暮祈ってゐる事で御座います。
　けれど――愛する私たちの先祖が起伏す日頃互に意を通ずる為に用ひた多くの言語、言ひ古し、残し伝へた多くの美しい言葉、それらのものもみんな果敢なく、亡びゆく弱きものと共に消失せてしまふのでせうか。おおそれはあまりにいたましい名残惜しい事で御座います。
　アイヌに生まれアイヌ語の中に生ひたった私は、雨の宵雪の夜、暇ある毎に打集ふて私たちの先祖が語り興じたいろいろな物語の中極く小さな話の一つ二つを拙い筆に書連ねまし

た。
　私たちを知って下さる多くの方に読んでいただく事ができますならば、私は、私たちの同族祖先と共にほんとうに無限の喜び、無上の幸福に存じます。

　　　　　　　　　　　　　　　　　　大正十一年三月一日
　　　　　　　　　　　　　　　　　　　　知里幸恵

　幸恵さんのこの神謡集序文の中で、「おお亡びゆくもの――それは今の私たちの名、何といふ悲しい名前を私たちは持ってゐるのでせう」とあります。
　彼女がこれに続けて心の中で密かに叫んだと思われるのは、「こんなみじめなアイヌに誰がした！」、そして、「それはほかならないおまえたち sisam ではないか」という声なき声の言葉であります。
　日本人の一人であると自ら思って生きてきた筆者としては、何とも心苦しく返す言葉に窮するばかりであります。
　そして、北海道に残るアイヌ族の人たちの現有人口のたった 25,000 という余りにも少なすぎる数値についても、ことさらに何とも語る言葉がありません。ああ、何というつらくて悲しい現実の歴史がここにあるのでありましょう。

アイヌ語地名が語る日本史物語

定価1,600円+税

ISBN 978-4-907161-72-9

2016年10月21日　初版1刷発行

著　者　　菅原　進

　　　　　エミシ文化研究センター（盛岡市藪川字外山42-2　辛夷庵）

略　歴　　出生──1925年7月2日陸前高田に生れる

　　　　　岩手県公立学校教員

　　　　　中学校教諭（社会／英語）、教頭、校長歴任

　　　　　趣味──アイヌ語系古地名の研究

住　所　　岩手県盛岡市加賀野4丁目1-30-1306号

　　　　　TEL：019-651-9149

発行人　　細矢定雄

発行所　　有限会社ツーワンライフ

　　　　　〒028-3621　岩手県紫波郡矢巾町広宮沢10-513-19

　　　　　TEL：019-681-8121　FAX：019-681-8120

本書の無断複写は、著作権法上での例外を除き、禁じられています。